PREGUE POR UM ANO #2

Livros de autoria de Roger Campbell

Pregue durante um Ano # 1
Pregue durante um Ano # 2
Pregue durante um Ano # 3
Pregue durante um Ano # 4
Pregue durante um Ano # 5
Pregue durante um Ano # 6

PREGUE POR UM ANO #2

104 Esboços de Sermões

Dois esboços completos para cada Domingo do ano

Roger Campbell

Proclamação

Título Original: Preach for a Year #2
Edição Publicada pela Kregel Publications, Inc. ©
EUA - 1988, por Roger F. Campbell

Supervisão Editorial: Oliver Conovalov
Tradução: Pr. Pedro Volvchenko
Revisão: Pr. Antônio de Souza Filho
Capa: Roger Conovalov
Projeto Gráfico e Diagramação: Roger Conovalov

As citaçõs bíblicas foram extraídas da versão brasileira:
A Bíblia Sagrada (Antigo e Novo Testamento), Traduzida em português por João Ferreira de Almeida, Revista e Atualizada no Brasil - SBB 2a Edição.

Catalogação na Fonte do Departamento Nacional do Livro
(Fundação Biblioteca Nacional, Brasil)

Campbell, Roger F.
Pregue por um Ano: volume 2/ Roger F. Campbell; tradução de Pr. Pedro Volvchenko - São Paulo - Editora Proclamação Ltda - 2020

Tradução de: Preach for a Year #2
ISBN: 978-85-86261-11-4

1. Teologia 2. Sermões 3. Vida Cristã CDD 613.83

Editora de Distribuidora Proclamação LTDA
Rua Catequese, 33. Bairro Jardim
CEP: 09090-400 - Santo André - SP.

e-mail: livrariaverdevale@hotmail.com
www.editoraproclamacao.com.br

Para minha esposa, Pauline, quem ouviu meus sermões por mais de quatro décadas, e quem por mim orou na produção e pregação de todos eles.

ÍNDICE

Janeiro

Fevereiro

Março

Abril

Maio

Junho

Julho

Agosto

Setembro

Outubro

Novembro

Dezembro

INTRODUÇÃO

Sinto-me profundamente gratificado pela oportunidade de compartilhar com você este segundo livro de esboços de sermões. Eles não são apenas esboços de sermões preparados para publicar. Cada um deles tem sido uma parte especial da minha vida pastoral. Eles são caminhos percorridos e testados, e só o fato de serem inseridos neste livro, trazem-me recordações agradáveis de oração e estudo, bem como das pessoas que foram por eles influenciadas, quando originalmente preparados.

Um pregador não é tanto um construtor de sermões, quanto é ele um edificador de pessoas. Edificar pessoas de acordo com o que Deus quer que elas sejam, requer que o pregador ame-as. Não é suficiente amar a pregação. Devemos amar aqueles a quem pregamos.

Sem amor, a pregação é apenas barulho (I Cor. 13:1).

Um ministro jovem contou-me que estava desanimado e não considerava que sua pregação estava a caminho de terminar.

"Você ama as pessoas?", perguntei.

"Penso que sim", respondeu.

"Tente prestar atenção a todas as pessoas diante de você e peça a Deus para capacitá-lo a amar cada uma delas", aconselhei.

Eu estava compartilhando simplesmente o que tenho feito repetidamente, tendo consciência de que toda minha preparação e pregação seriam ineficazes sem amor.

O amor de Deus é o coração de nossa mensagem, e o tema central destes esboços de sermões. Se ao término do ano você e sua congregação amam ao Senhor, um ao outro, e as pessoas perdidas mais do que no início do ano, minhas orações pela finalidade deste livro terão sido respondidas.

"Amados, se Deus assim nos amou, nós também devemos amar-nos uns aos outros"(I João 4:11).

Roger Campbell

JANEIRO

UM ANO PELA FRENTE

Ano-novo *Atos 14:19-23*

I. Introdução

A. Um tempo excitante para fazer parte dessa igreja!

1. Uma igreja onde as pessoas amam-se umas as outras.
2. Uma igreja que no passado experimentou bênçãos.
3. Uma igreja localizada onde muitos precisam de Cristo.

B. Um tempo de olhar para o futuro com fé.

1. Um tempo para esperar o melhor.
2. Um tempo de edificar para o futuro.

C. Como edificaremos?

II. Corpo do Sermão

A. Vamos edificar através do Evangelismo (v.19-21).

1. Paulo foi apedrejado e tido como morto (v.19).
   a. Os discípulos rodearam-no (v.20).
   b. Ele levantou-se e os surpreendeu (v.20).
   c. Permita que o mundo saiba que estamos vivos.
2. Paulo dirigiu-se para Derbe a fim de conquistar almas (v.20-22)
   a. Esse era o propósito da sua vida (I Cor.9:16).
   b. Foi isso que fez dele um missionário.
   c. Essa foi a razão porque fundou tantas igrejas.
3. O evangelismo é vital para nossa existência como uma igreja.
   a. Vamos trazer pessoas para ouvir o evangelho.
   b. Sejamos mensageiros do evangelho como estilo de vida.
   c. Preguemos o evangelho continuamente (Marcos 16:15).

B. Vamos edificar através da Exortação (v.21-22).

1. Exortar significa encorajar.
2. Paulo instruiu aqueles que receberam o evangelho.
3. Ele encorajou todos os crentes a crescer na fé.
   a. Vamos encorajar os desanimados.
   b. Vamos encorajar aqueles que se sentem sem esperança.

c. Vamos encorajar nossas próprias famílias.
d. Vamos encorajar todos os líderes.
e. Vamos encorajar todos os da família da fé.
4. Motive-se e seja um motivador.

C. Vamos edificar através da Educação (v.23).

1. Edificar é construir.
2. Alguns especializam-se em derrubar.
   a. Recuse fazer parte da turma do quebra-quebra.
   b. Seja um construtor, não um destruidor.
3. Paulo edificava crentes.
   a. Organizando igrejas
   b. Conferindo responsabilidades aos líderes.
   c. Orando com e por aqueles que ele ganhou para Cristo.

III. Conclusão.

A. Temos pela frente um grande ano para construir!
B. Eis os materiais necessários: Evangelismo, Exortação, Edificação.
C. Levantemo-nos e construamos.

VINDE APÓS MIM

Ano-novo *Mateus 4:18-22*

I. Introdução

A. Trinta anos condensados em quatro capítulos.

1. O nascimento em Belém; a fuga para o Egito.
2. O retorno para Nazaré; os anos de silêncio.
3. João Batista; o batismo; a tentação.

B. Um novo começo: O ministério terreno de Jesus.

1. Escolhendo os primeiros discípulos.
2. "Vinde após mim" (v.19)
3. As lições de Pedro dessa dupla chamada (Mat.19:27-30).

II. Corpo do Sermão

A. O "Vinde após mim" da fé (v.19)

1. Pedro e André ocupados no seu trabalho diário.
   a. Ganhando o sustento; provendo para suas famílias.
   b. Podem ter estado lutando com problemas.
2. Jesus chega onde eles estão trabalhando.
   a. Ele nos encontra onde nós estamos.
   b. Ele nos encontra em nossas necessidades.
3. Seus corações tinham sido preparados para a chamada de Jesus.
   a. Você já ouviu o "Vinde após mim" da fé?
   b. Você já respondeu ao chamado dele (Rom.5:1; Ef.2:8-9)?
4. A vida cristã começa e continua em fé.
   a. "O justo viverá por fé" (Rom.1:17).
   b. A fé vence o mundo (I João 5:4).
   c. À medida que a fé aumenta, o medo diminui.

B. O "Vinde após mim" dos pescadores de almas (v.19).

1. A chamada negligenciada: evangelismo pessoal.
2. Os resultados da negligência:
   a. Poucas igrejas cheias de pessoas.
   b. Muitos crentes sem alegria.

3. A cura para a negligência.
   a. Alegria no semear e colher (Salmo 126:5-6).
   b. Convertidos trazem alegria (I Tess2:19-20).
4. Devemos motivar as pessoas com as realizações do passado.

C. O "Vinde após mim" da completa submissão (Mat.16:24).

1. Pedro rebela-se diante das notícias sobre a cruz (Mat.16:21-23).
2. A chamada de Cristo a autonegação.
3. Como essa chamada afeta-nos hoje.
   a. A autonegação ainda na chamada de Cristo.
   b. Submissão completa traz vitória completa.

D. O "Vinde após mim" da focalização em Jesus (João 21:22).

1. Pedro aprende o que fará por Cristo (João 21:15-19).
2. Ele se admira com o que João fará (João 21:22).
3. A resposta de Nosso Senhor a Pedro:
   a. Que tens tu com isso?
   b. Segue-me tu.

III. Conclusão.

A. Qual é sua resposta ao chamado do Senhor?

B. Você decidirá seguir a Jesus durante toda sua vida?

C. Que grande maneira de começar o Ano-novo!

A GRANDE COMISSÃO

Série sobre Missões *Mat. 28:16-20*

I. Introdução

A. Um encontro marcado com Jesus (v.16).

1. Os discípulos tinham um encontro marcado com Jesus.
2. Todos nós temos um encontro marcado com Jesus (Rom. 14:12).

B. O propósito do encontro marcado: A Grande Comissão.

1. Ela enviou missionários ao redor do mundo.
2. Como responderemos a ela hoje?

II. Corpo do Sermão

A. Grande Comissão revela um Salvador com todo o poder: "Foi-me dado todo o poder no céu e na Terra" (v. 18).

1. O evangelho tem ambas dimensões: terrenas e celestiais.
   a. Compartilhamos o evangelho com pessoas terrenas.
      (1) Enfrentando problemas.
      (2) Sofrendo enfermidades e tristezas desta vida.
   b. Anunciamos que há consequências celestiais.
      (1) Pecados podem ser perdoados.
      (2) Quando você morrer, você pode ir para o céu.
2. O Salvador com poder para salvar (Rom. 1:16).

B. A Grande Comissão revela um Salvador para todas as pessoas: "Portanto, ide e f azei discípulos de todas as nações" (v. 19) Que tarefa imensa!

   a. Poucos discípulos com um mundo por alcançar.
   b. Eles não tinham nenhum dos nossos meios de comunicação.
   c. Eles foram fiéis e espalharam as boas-novas por todos os lugares.

2. Salvação para todas as pessoas.
   a. Ninguém é demasiado pecador que não possa ser salvo.
   b. Ninguém é demasiado pervertido que não possa ser salvo.
   c. Todas as pessoas precisam ser salvas (Rom. 3:23;6:23).
3. Batismo para todos os que vão a Cristo pela fé.

a. As pessoas convertidas no dia de Pentecostes foram batizadas (At.2:41).
b. O ilustre etíope foi batizado (At. 8:36-38).
c. O erudito e religioso Paulo foi batizado (At. 9:18).
d. O piedoso e misericordioso Cornélio foi batizado (At. 10:48).

4. O ensino bíblico é para todas as pessoas.
a. "Ensinando-os a observar todas as coisas" (v.20).
b. O ensino bíblico é vital para o crescimento cristão.

C. A Grande Comissão revela um Salvador para todo o tempo: "Eis que estou convosco todos os dias" (v.20).

1. Jesus é suficiente para solucionar todos os problemas em todas as épocas.
a. As perseguições que os discípulos enfrentaram.
b. Jesus estaria com eles, em todas elas.
2. Uma mensagem que é sempre oportuna ("Até a consumação do mundo").

III. Conclusão.

A. Você deseja levar essas boas-novas a outros?

B. O campo missionário começa junto à nossa porta.

O QUE SIGNIFICA SER, ACIMA DE TUDO, UM MISSIONÁRIO?

Série sobre Missões Marcos 16:15

I. Introdução

A. A obra missionária e as igrejas locais.

1. A maior parte das igrejas têm algum interesse em missões.
2. Algumas igrejas orgulham-se dos seus programas missionários.
   a. Conferências missionárias, orçamentos, mapas, etc.
   b. Intercessão missionária, ofertas missionárias, viagens missionárias para aprender e participar.

B. Mas, o que é um missionário?

1. Missionários não são uma classe especial de cristãos.
2. Missionários são crentes que levam o evangelho a outros.
3. Todos nós devemos ser missionários.

II. Corpo do Sermão

A. A obra missionária diz respeito a ir por todo o mundo.

1. As últimas palavras de Jesus aos seus discípulos foram a respeito de ir.
   a. "Vão e discipulem todas as nações" (Mat. 28:18-20)
   b. "Ide por todo o mundo" (Marcos 16:15)
   c. "Ser-me-eis testemunhas" (Atos 1:8)
2. Então, por que tão poucos vão?
   a. É mais fácil servir como professor ou ensinar do que ir.
   b. É mais fácil contribuir com dinheiro do que ir.
   c. É mais fácil pregar do que ir.
3. Mas Jesus disse que devemos ir por todo o mundo.
4. O mundo é o nosso campo missionário (Mat. 13:38).
5. O mundo inclui cada contato pessoal de cada dia.

B. A obra missionária diz respeito a pregar o evangelho.

1. Trabalho missionário é entregar o evangelho(I Cor. 15:3-4).
   a. Dizendo que Cristo morreu por nossos pecados de acordo com as Escrituras.

b. Dizendo que Ele foi sepultado e ressuscitou.

2. Portanto, a obra missionária diz respeito ao amor de Deus.
   a. Inclui o perdão dos pecados, porquanto Deus nos ama (Col. 1:14).
   b. Inclui a vida eterna, porque Deus nos ama (João 3:16; 5:24).
   c. Inclui uma vida transformada, porquanto Deus nos ama (II Cor. 5:17).

C. A obra missionária diz respeito a alcançar todas as pessoas.

1. Não há preconceito racial em missões (João 4:7; Atos 8:27).
2. Não há discriminação social em missões (Luc. 7:36-50).
3. Não há diferenciação de idade em missões (Mat. 19:13-15).
4. Todos estão perdidos e precisam de salvação (Rom. 3:10-23).
5. Cristo morreu por todos(Is.53:6).

III. Conclusão.

A. O que você vai fazer para cumprir sua missão, hoje?

B. A quem você levará o evangelho hoje?

AMAR MISSÕES

Série sobre Missões I Cor. 13:1-3

I. Introdução

A. A obra missionária deveria ser parte essencial em cada igreja.

1. Devemos orar seriamente por missões.
2. Devemos patrocinar como nossos representantes aqueles chamados para missões.
3. Devemos enviar pessoas de nossas igrejas para trabalhar nas missões.

B. A obra missionária é uma obra de amor

1. Os missionários levam uma mensagem de amor.
2. O evangelho é uma grande história do amor de Deus.
3. A Bíblia é a carta do amor de Deus para todos.

II. Corpo do Sermão

A. Amar missões é amar as pessoas (v. 1).

1. O perigo de se tornar insensível em missões.
2. O perigo de focalizar somente coisas externas.
   a. Coisas missionárias: mapas, conferências, curiosidades.
   b. Informações missionárias: costumes, problemas, etc.
3. A obra missionária sem amar as pessoas é sem valor.
   a. Pode haver estratégia missionária sem amor.
   b. Podem haver viagens missionárias sem amor.
4. Os missionários, nacionais e transculturais, devem amar as pessoas.
   a. Sem amor, todo esforço missionário é infrutífero.
   b. Sem amor, todo o ensino missionário é apenas barulho.

B. Amar missões á amar as almas.

1. Alguns amam as pessoas, mas preocupam-se apenas pelas suas necessidades externas: alimentação, moradia, vestuário, educação.
   b. Suprir as necessidades físicas é importante, mas não é tudo.
   c. As pessoas podem ser bem cuidadas, contudo irem para o inferno.

2. Jesus enfatizou a importância da alma (Marcos 8:36).
3. Missões deveria ser uma área especializada em alcançar pessoas para Cristo.
4. Quem se importa se um pecador vai para o inferno?
    a. O Pai se importa e enviou seu Filho.
    b. O Filho se importa e veio morrer pelos pecadores.
    c. O Espírito Santo se importa e chama os pecadores ao arrependimento.
    d. O que isso tem a ver com você e comigo?

C. Amar missões é amar a Jesus.

1. "Se me amardes guardareis os meus mandamentos" (João 14:15).
2. A Grande Comissão (Mat. 28:18-20).
3. Nosso Senhor nomeou-nos testemunhas (At. 1:8).
4. Você ama a Jesus o bastante para contar aos outros do amor dele?

III. Conclusão.

A. Que parte tem o amor na sua visão missionária?

1. Você ama as pessoas2.Você ama as almas?
3. Você ama a Jesus?

B. Como você demonstrará seu amor no trabalho missionário?

UMA IGREJA MISSIONÁRIA PODEROSA

Série sobre Missões *At. 11:19-30; 13:1-5*

I. Introdução

A. A igreja dinâmica em Antioquia.

1. A segunda capital do cristianismo.
2. A maior igreja missionária no N.T.

B. Como devemos considerar a igreja em Antioquia?

1. Deveríamos estudar seu sucesso em Missões.
2. Deveríamos implementar suas práticas

II. Corpo do Sermão

A. Ela foi uma igreja espiritual (11:19-30).

1. Como a igreja em Antioquia nasceu (v. 19).
   a. Crentes dispersos por causa das perseguição.
   b. O martírio de Estevão ainda era lembrado.
   c. O evangelismo ativo em Antioquia (v. 21).
2. Espiritual em sua fama.
   a. As boas notícias chegaram a Jerusalém (v. 22).
   b. Barnabé chegou para doutrinar os novos convertidos (v. 22).
   c. Barnabé percebe que Deus está operando (v. 23).
3. Espiritual em sua doutrina.
   a. A liderança foi dirigida pelo Espírito Santo (v. 24).
4. Espiritual nas vidas das pessoas.
   a. As reuniões dessa igreja estavam repletas de aprendizes sedentos (v. 26).
   b. O mundo os chamou de "cristãos" (v. 26).

B. Ela foi uma igreja ministrante (13:1-2).

1. Uma igreja com mestres talentosos (v. 1).
2. Seus líderes ministravam ao Senhor (v. 2).
   a. Ensinando a Palavra de Deus.
   b. Promovendo o crescimento dos novos convertidos.
   c. Jejuando e orando.

3. Seus corações estavam sensíveis à direção do Senhor.
    a. "Separai- me a Barnabé e a Saulo".
    b. Deus chamou alguns dentre a membresia para servir.

C. Ela foi uma igreja missionária (v. 2-5).

1. O grande trabalho missionário.
    a. A igreja obedeceu a escolha que fez Deus de Barnabé e Saulo.
    b. A igreja jejuou e orou por eles.
    c. A igreja impôs as mãos sobre eles.
    d. A igreja os enviou.
2. Às vezes é difícil para as igrejas enviarem.
    a. Somos melhores em reunir do que em enviar.
    b. Queremos conservar conosco as pessoas talentosas.
    c. Enviar é um ato de fé e resulta em bênçãos.

III. Conclusão

A. Cada igreja deveria ser um centro missionário.

B. Cada igreja deveria enviar pessoas vocacionadas como missionários.

C. Queremos nos tornar uma igreja missionária?

O DIA DE NOTÍCIAS BOAS

Série sobre Missões *II Reis 7:1-11*

I. Introdução

A. O cerco de Samaria.

1. Desde a queda do homem tem havido guerras.
2. Bene-Hadade, rei da Síria, cerca Samaria.
3. As condições terríveis dentro da cidade.

B. A profecia surpreendente de Eliseu (v. 1).

C. Lições missionárias de quatro leprosos.

1. Excluídos da cidade e da sociedade.
2. Eles dependiam das esmolas dos transeuntes.
3. Suas respostas à crise são lições para todos.

II. Corpo do Sermão

A. Uma questão de sobrevivência: "Para que ficamos nós sentados aqui até morrermos?" (v. 3).

1. Eles nada mais tinham que fazer para morrer a não ser apenas esperar.
   a. É assim também com cada pecador (João 3:18, 36).
   b. Não é necessário cometer nem mesmo mais um pecado a fim de ir para o inferno.
   c. Indecisão é um estado de morte.
2. Independente da intervenção de Deus, a morte é aguardada.
   a. Morreriam se eles se movimentassem; morreriam se ficassem parados.
   b. As pessoas estão diante da morte, se permanecem na incredulidade.
3. Um dos leprosos analisou a situação sabiamente.
   a. "Para que ficarmos nós sentados aqui até morrermos?" (v. 3).
   b. O clamor de Deus aos pecadores: "Por que morrereis?"(Ez. 18:31).

B. Uma questão de rendição: "Vamo-nos passar para o arraial dos sírios" (v. 4).

1. Os leprosos decidem agir.
2. O risco da rendição: apenas uma morte diferente.
3. A esperança na rendição: vida.
4. A rendição salvou suas vidas.
5. Vocês devem se render a Cristo.
    a. O risco: você mesmo.
    b. A esperança: vida eterna.
    c. A promessa: a rendição salvará sua vida.

C. O chamado para compartilhar (v. 9-11).

1. Surpresa! O inimigo tinha sido derrotado.
2. Satanás foi derrotado na cruz.
    a. Jesus sofreu e morreu fora da cidade.
    b. A vitória já tinha sido ganha.
3. Os leprosos encontram vida.
    a. Alimento, prata e ouro.
    b. Segue o "despertar da consciência": Não fazemos bem (v. 9).
4. Os leprosos compartilham as coisas boas e a cidade é salva.

III. Conclusão

A. Este é também um dia de notícias boas.

1. A salvação foi providenciada na cruz.
2. A vida eterna é oferecida a todos os que confiam em Jesus.

B. Não agimos corretamente se escondemos nossa paz.

TEMPO DE COLHEITA

Série sobre Missões *João 4:34-38*

I. Introdução

A. Um capítulo de surpresas.

1. Uma mulher surpresa de que Jesus conversasse com ela (v. 9).
2. Uma mulher surpresa de que Jesus conhecesse tudo a respeito dela (v. 39).
3. Os discípulos surpresos de que Jesus não estava com fome (v. 31-34).
4. A cidade de Sicar surpresa a respeito da mulher transformada (v. 40-42).

B. A surpreendente mensagem de Nosso Senhor acerca da colheita.

1. Está pronta a ser realizada.
2. Precisam-se de ceifeiros.
3. Há recompensas para os ceifeiros.

II. Corpo do Sermão.

A. A colheita disponível (v. 35).

1. mal-entendido acerca do tempo da colheita.
   a. Não quatro meses a partir de agora.
   b. Hoje é o dia da salvação (II Cor. 6:2).
2. Motivação para a colheita.
   a. "Levantai os vossos olhos": vede as pessoas ao vosso redor.
   b. "Vede os campos": vede-os prontos para a colheita.
   c. Peça ao Senhor para ajudar-te enxergar a colheita através dos olhos dele.
3. Porque a colheita está pronta:
   a. As pessoas estão perturbadas em todos os lugares.
   b. Moralmente, o mundo está afundando.
   c. Religiosamente, o mundo está confuso.

B. Os ceifeiros necessários para a colheita (v. 36).

1. A alegria de trabalhar em uma colheita farta.
2. A maior parte das pessoas não esperam colher hoje.
   a. Ficam apenas esperando até Jesus voltar.

b. Muito pouco testemunho e ganhar almas.

3. Os ceifeiros são poucos (Luc. 10:2).
   a. Devemos orar pedindo ceifeiros.
   b. Devemos nos tornar ceifeiros.
4. O que você está fazendo na grande colheita de Deus?

C. As recompensas prometidas aos ceifeiros na colheita: "Quem ceifa já está recebendo recompensa" (v. 36-37).

1. Há recompensa agora: regozijo (v. 36).
2. Haverá recompensa posterior. Apoc. 22:12.
   a. Tal recompensa ultrapassa a atualmente conhecida.
   b. Tal recompensa é de valor eterno.
   c. O "benfeito" dele será nossa maior recompensa.

III. Conclusão

A. Quem quer trabalhar agora na colheita do Senhor?

B. Você já esteve mais envolvido na colheita do que hoje?

C. Ocupe-se ativamente nessa colheita sem demora!

FEVEREIRO

COMUNHÃO, ALEGRIA E PERDÃO

Série em I João *I João 1:1-10*

I. Introdução

A. Uma carta para a família de Deus.

1. Fervorosa, amável e devocional.
2. Trata com o pecado na vida dos crentes.
3. Apresenta a contradição entre ser amado e não amar.

B. Os objetivos de João no início de sua carta:

1. Comunhão com Deus e com a família de Deus.
2. Plenitude de alegria.3. Perdão dos pecados.

II. Corpo do Sermão

A. Comunhão com Deus e com a família de Deus (v. 1-3).

1. João e os começos.
   a. "No começo era o Verbo" (João 1:1).
   b. "O que era desde o começo" (v. 1).
2. João foi uma testemunha.
   a. "Nós ouvimos".
   b. "Nós vimos".
   c. "Nós contemplamos".
   d. "Nossas mãos apalparam".
3. Essa testemunha ocular agora dá seu testemunho.
4. Comunhão com Deus e com a família de Deus (v. 3).
   a. Comunhão com Deus é o objetivo de vida.
   b. Comunhão com os crentes aumenta nosso andar com Deus.
   c. "Tão alegre estou por fazer parte da família de Deus"

B. Plenitude de alegria (v. 4).

1. O desejo humano por felicidade.
   a. A felicidade depende dos eventos da vida.
   b. A alegria é o melhor.
   c. A alegria brota no íntimo, qualquer que seja a circunstância.

2. Os crentes devem ter a alegria do Senhor.
    a. Essa é a vontade de Deus para nós (João 15:11).
    b. Você tem a alegria do Senhor?
3. Obstáculos para a plenitude de alegria.
    a. Falta de dedicação completa (João 15:7).
    b. Falta de apresentação de frutos (João 15:8).
    c. Falta de amar os outros (João 15:12-17).

C. Perdão dos pecados (v. 5-10).

1. Contraste entre luz e trevas (v. 5-7).
2. O objetivo é andar na luz (v. 7).
3. Todos falhamos nesse objetivo (v. 8).
4. Quando falhamos, o perdão está disponível:
    a. "Se confessarmos nossos pecados" (v. 9).
    b. "Ele é fiel e justo para perdoar" (v. 9).
5. Confissão e purificação devem ser nossa experiência diária.

III. Conclusão

A. Comunhão, alegria e perdão são todos nossos em Cristo.

B. Vamos amar aquele que nos amou primeiro.

C. Amemos também a família de Deus.

NOSSO ADVOGADO

Série sobre I João *I João 2:1-2*

I. Introdução

A. O propósito desta epístola é a vida abundante

1. Comunhão com Deus e com a família de Deus.
2. Plenitude de alegria, fluindo da certeza da salvação.
3. Perdão dos pecados na vida diária.

B. O problema do pecado na vida dos crentes.

1. O pecado destrói a comunhão(cap. 1) .
2. O pecado torna-nos confundidos na volta de Cristo (2:28).

3.3. O pecado pode trazer morte física (5:16).

C. A provisão de Deus para a vitória diária.

II. Corpo do Sermão

A. O propósito na vida cristã (v. 1).

1. "Para que não pequeis".
2. A consciência de pecado conduz-nos ao Salvador.
   a. Você quer ser salvo? Reconheça que está perdido.
   b. Você quer ir para o céu? Compreenda que está condenado ao inferno.
   c. Cristo veio salvar pecadores.
3. Recebendo Cristo pela fé somos perdoados (Col. 1:14).
4. Qual deveria ser nosso alvo como crentes?
   a. Deveríamos almejar a vitória diária.
   b. Jesus é nosso exemplo.
5. Estamos equipados para vencer.

B. O advogado para todos os cristãos (v. 1).

1. "Mas se alguém pecar".
   a. Enfrentando a realidade da imperfeição.
   b. Deus ainda nos ama (Rom. 8:38-39).
2. "Temos um advogado com o Pai".
   a. Um advogado que vem para ajudar-nos quando tropeçamos.

b. Um advogado que intercede por nós no céu (Hebr. 7:25).
c. Um advogado na Terra e um no céu (João 14:16).
Um advogado quando o inimigo investe contra nós.

C. A redenção

1. Ele é a propiciação pelos nossos pecados.
2. Ele pagou pelos nossos pecados com seu próprio sangue.
3. Cristo reconciliou-nos com nosso Pai (II Cor.5:17-20).
4. Ele completou sua obra de reconciliação na cruz.
5. Sua obra como nosso advogado continua.

Conclusão

A. Devemos convidar outros para a vida abundante.

B. O chamado para uma vida cristã consistente:

1. Com a redenção de Cristo.
2. Com sua obra contínua como nosso advogado.

DA PROFISSÃO DE FÉ À PERFEIÇÃO

Série em I João *I João 2:6*

I Introdução

A. A vida cristã começa com o novo nascimento.

1. "Meus filhinhos" (v. 1).
2. Nascemos de novo pela fé em Cristo (João 3:1-16).

B. Deus quer que estejamos seguros de nossa salvação.

1. O verbo ***conhecer*** é encontrado 40 vezes nesta epístola.
2. A alegria de saber que somos filhos de Deus.

C. Três palavras para a família: *Profissão de fé, Progressão, Perfeição.*

II. Corpo do Sermão

A. Profissão de fé.

1. "Aquele que diz estar nele".
2. Nós menosprezamos a importância da profissão de fé.
   a. "Eu preferiria ver um sermão do que ouvir um algum dia".
   b. Uma fé silenciosa é por muitos preferida do que um testemunho fervoroso.
3. Devemos dar testemunho de nossa fé.
   a. Crer e confessar (Rom. 10:9).
   b. Batismo como um modo de testemunho público.
   c. Participação na igreja. Mostra nossas prioridades.
4. Devemos ser testemunhas (At. 1:8).

B. Progressão.

1. "Também deve andar".
   a. Os crentes são um povo em marcha.
   b. Nosso andar deve confirmar nosso falar.
2. Permanecer em Cristo deveria aparecer em nosso andar.
3. Os pais se alegram quando a criança começa andar.
4. Como andaremos?
   a. Andemos honestamente (Rom. 13:13).
   b. Andai em Espírito (Gal. 5:16).
   c. Andai em amor (Ef. 5:2).

d. Andai diligentemente (Ef. 5:15).
e. Andai em fé (Col. 2:6).
f. Andai em sabedoria, remindo o tempo (Col. 4:5).
5. Como você está progredindo na vida cristã?

C. Perfeição

1. "Como Ele andou"
2. Temos um grande exemplo para seguir.
3. Não somos perfeitos, mas Jesus é (I Pedro 2:21-25).
   a. Outros falham, Jesus não.
   b. Olhar para Jesus, não nas faltas dos outros.
4. Olhando para Jesus podemos ser vitoriosos (Hebr. 12:2).
5. Quando encontrarmos Jesus seremos semelhantes a Ele (I João 3:2).

III. Conclusão

A. Três compromissos para fazer diferença em nosso andar:

1. Não olharei para as faltas dos outros.
2. Observarei as evidências cristãs em outros.
3. Conservarei meu olhar em meu Salvador perfeito.

B. Vamos fazer esses compromissos de mudança de vida hoje.

AMAR OU NÃO AMAR? EIS A QUESTÃO

Série sobre I João *I João 2:1-17*

I. Introdução

A. A epístola com a família em mente.

1. "Meus filhinhos".
2. "Nossa comunhão é com o Pai e seu Filho Jesus Cristo".

B. Amor nas famílias terrenas.

1. Os amantes empenhando seu amor no casamento.
2. O amor continua: "Maridos, amai vossas esposas" (Ef. 5:25).

C. Lições em João acerca do amor na família de Deus.

II. Corpo do Sermão

A compreensão do amor de Deus por parte de João (v. 5).

1. João e seu irmão Tiago tinham sido pescadores.
   a. Trabalhavam com seu pai, Zebedeu.
   b. Eles amavam seu pai, os barcos, o mar.
2. Então certo dia João atendeu ao chamado de Jesus (Marc. 1:17-20).
   a. Ele estava consertando as redes.
   b. Agora ele torna-se um consertador de pessoas (Luc. 5:10).
3. O aprendizado de João acerca do amor:
   a. Observou o Cristo misericordioso.
   b. A grande lição de amor ao pé da cruz (João 18).
   c. "Aquele discípulo a quem Jesus amava (João 21:20).
4. Deus ama a todos (João 3:16).

B. João ponderando que devia amar seu irmão (v. 10).

1. O amado tem uma obrigação de amar.
2. "Aquele que ama seu irmão permanece na luz".
   a. Jesus é a luz (João 8:12).
   b. O amor revela nosso andar com Jesus.
3. O amor demonstrado no viver (I Cor.13:4-7).
   a. O amor é paciente e bondoso.
   b. O amor não é invejoso, nem orgulhoso.

c. O amor é constante; não é egoísta, nem suspeita mal.
d. O amor nunca se alegra com o sofrimento alheio.
e. O amor regozija-se com o triunfo da verdade.
f. O amor tolera indelicadezas, insultos, falhas.
g. O amor considera o melhor acerca dos outros.

C. A recusa de amar o mundo por parte de João (v. 15-17).

1. "Não ameis o mundo (v.15).
   a. Não se refere a pessoas (João 3:16).
   b. Não se refere da criação (Mat. 6:26-30).
   c. Refere-se ao sistema mundano de rejeição a Cristo: "aquele sistema que o homem construiu...no qual está tentando ser feliz sem Deus" (H. A. Ironside).
2. João rejeita amar "coisas".
3. A cobiça e o orgulho atraem-nos para amar o mundo (v. 16).
4. O "mundo" é fugaz.
5. João escolhe amar aquele que é eterno.

III. Conclusão

A. Somos conhecidos por quem e pelo que amamos.

B. Quem e o que você ama?

RECOMENDAÇÕES URGENTES AOS FILHOS

Série sobre I João *I João 2:28*

I. Introdução

A. João continua enfatizando o relacionamento familiar.

1. Nascemos na família de Deus pela fé (João3:3-5).
2. Essa é uma família de amor.
3. O amor do Pai flui através de cada um de seus filhos.

B. A mensagem urgente de João a seus filhos.

1. Ele quer que eles desfrutem a família completamente.
2. Ele quer que eles vivam como filhos do Pai.
3. Ele quer que eles dêem boa reputação ao nome da família.

II. Corpo do Sermão

A. Permanência em Cristo.

1. "E agora, filhinhos, permanecei nele".
2. O que significa permanecer em Cristo?
   a. Ter comunhão com Ele.
   b. Experimentar comunhão íntima com Ele.
   c. Ser submisso completamente a Ele.
   d. Viver diariamente para agradá-lo .
3. "Permanecer em Cristo é viver em comunhão com Ele. Uma coisa é estar nele,como tendo vida nele, mas outra coisa é permanecer nele, isto é, desfrutar comunhão com Ele" (H. A. Ironside).

B. Vida abundante em Cristo.

1. "Tenhamos confiança".
2. Vivendo confiadamente:
   a. Tendo certeza de salvação.
   b. Vivendo satisfeito com Jesus.
3. Desfrutando o Pai e a família.
4. Aproveitando cada momento para alegrar-se em Cristo e viver para Ele.
5. Jesus convida-nos para uma vida plena (João 10:10).
6. "Você terá visões mais felizes das coisas celestiais à medida

que escala o monte da experiência espiritual. À medida que você permanece em Cristo, terá maior confiança, mais rica alegria, maior sensibilidade" (C. H. Spurgeon).

"Mais comunhão com Jesus, e maior prazer no Senhor teu Deus"

C. *Evitando vexame no retorno de Cristo*

1. "E não fiquemos confundidos diante dele na sua vinda"
2. Você teria ficado envergonhado se Cristo tivesse retornado na última semana?
   a. Na última noite?
   b. Nesta manhã?
   c. Há cinco minutos atrás?
3. O que teria ocasionado teu vexame?
4. Você quer submeter essa área da vida a Cristo?

III. Conclusão

A. Cristo morreu por nossos pecados: aceite o perdão dele.

B. Cristo ressurgiu: viva em comunhão com Ele.

C. Cristo está voltando: viva na expectativa do retorno dele.

A ESPERANÇA PURIFICADORA DE JOÃO

Série em I João *I João 3:1-3*

I. Introdução

A. O apelo de João para um viver cristão.

1. Esse apelo aparece por todas suas epístolas.
2. Nosso texto oferece incentivos fortes para tal viver.
3. Eles constituem a esperança purificadora de João.

B. Por que João escolheu manter sua vida pura.

II. Corpo do Sermão

A. Ele ficou maravilhado com o amor de Deus (v. 1).

1. "Vede que grande amor".
2. João não conseguia encontrar palavras para explicar o amor de Deus.
   a. "Deus tanto amou o mundo" (João 3:16).
   b. "Vede, que maneira de amar" (v. 1).
3. Lições acerca do amor, escritas por João:
   a. João esteve com Jesus no Cenáculo.
   b. Jesus lavou os pés de João (13:1-17).
   c. João permaneceu ao pé da cruz (19:25-30).
4. João queria agradar àquele que o amou.

B. Ele valorizou sua posição como filho de Deus (v. 1-2).

1. "Que fôssemos chamados filhos de Deus".
   a. Pecadores são transformados em filhos.
   b. Outro pensamento admirável para João.
2. Um simples pescador podia ser um filho de Deus.
3. Essa filiação ocasiona conflito com o mundo.
   a. "Por isso o mundo não nos conhece".
   b. Os cristãos devem estar preparados para ser incompreendidos.
   c. Nosso Senhor foi incompreendido e rejeitado (João 15:18-27).
4. A filiação começa agora!
   a. "Agora somos filhos de Deus".

b. A vida eterna começa no momento do novo nascimento.

C. João anteciparia o retorno de Cristo quando fosse semelhante a Cristo (3:2-3).

1. João conhecia as falhas desta vida.
   a. Semelhante a todos nós, tinha algumas coisas das quais estava arrependido.
   b. "Se dissermos que não temos pecado, enganamo-nos a nós mesmos" (1:8).
2. Paulo escreveu a respeito dessa luta diária (Rom.7:14-21).
3. João aguardou por um dia melhor.
   a. Quando os mistérios fossem revelados completamente.
   b. Quando todos seremos transformados. (I Cor. 15:51-52).
   c. Quando seremos semelhantes a Cristo.
   d. Veremos a Cristo como Ele é.
4. João queria ser semelhante a Cristo agora.

III. Conclusão

A. Revendo os motivos de João por uma vida pura:

1. Ele sabia que Deus o amava.
2. Ele sabia que era um filho de Deus.
3. Ele sabia que no retorno de Cristo seria semelhante a Ele.

B. O que te motiva a um viver santo?

PORQUE JESUS VEIO

Série sobre I João *I João 3:5-8; 4:9*

I. Introdução

A. Perguntas de todos os tempos

1. Por que a encarnação?
2. Por que Jesus nasceu em um estábulo em Belém?
3. Por que Jesus suporta a cruz?

B. João dá as respostas

II. Corpo do Sermão

A. Ele veio para tirar nossos pecados (v. 5).

1. "Ele se manifestou para tirar nossos pecados".
2. Todos somos pecadores (Rom. 3:23).
   a. O pecado traz tristeza, sofrimento e morte (Rom. 5:12).
   b. Jesus veio trazer-nos vida eterna (Rom. 6:23).
3. Jesus ama os pecadores.
   a. Porém, Ele era sem pecado (v. 5).
   b. Ele é o Salvador perfeito.
4. Você o fez teu próprio Salvador?

B. Ele veio para destruir as obras do Diabo (v. 8).

1. "Manifestou-se para destruir as obras do Diabo".
2. A obra do Diabo no Éden (Gen. 3).
   a. Tentando Eva a comer o fruto proibido (Gen. 3).
   b. A morte veio sobre todos por causa do pecado.
3. A obra de Deus no Éden (Gen. 3).
   a. Procurando Adão e Eva que estavam com medo.
   b. Prometendo um Redentor que feriria a cabeça da serpente.
4. Na cruz, a promessa foi cumprida.
5. Jesus ainda está destruindo as obras do Diabo.
   a. Salvando aqueles que confiam nele (João 6:37).
   b. Transformando vidas; fazendo novas criaturas (II Cor. 5:17).
   c. Libertando os cativos por Satanás (João 8:36).

C. Ele veio para manifestar o amor do Pai (4:9).

1. "Manifestou-se o amor de Deus para conosco".
   a. Deus enviou seu Filho ao mundo.
   b. A vida eterna é nossa através dele.
2. Deus amou-nos primeiro (v.10).
   a. Amou-nos quando éramos pecadores (Rom. 5:8).
   b. Amou-nos mesmo sendo rebeldes contra Ele.
3. Esse amor motivou Deus enviar Jesus para morrer por nós.
   a. Quem pode explicar tal amor?
   b. Por que alguém rejeitaria tal amor?

III. Conclusão

A. Aqui está um convite para ser perdoado e livre.

B. Aceite esse convite de amor e viva.

A GRANDE DIMENSÃO DO AMOR DE DEUS

Série sobre I João *I João 4:10-11*

I. Introdução

A. João o discípulo do amor.

1. Vê-se a si mesmo como receptor do amor de Deus.
2. Ele ordenou aos crentes amarem-se uns aos outros.
3. Recusou amar o mundo ou as coisas do mundo.

B. João revela o alcance e o fundamento lógico do amor na vida cristã.

1. Deus amou-nos primeiro.
2. Então devemos amar-nos uns aos outros.
3. O círculo do amor de Deus para nós, aos outros.

II. Corpo do Sermão

A. Onde o amor começa (v. 10).

1. O amor começa com Deus.
   a. Deus é amor (v. 8).
   b. Deus ama-nos todos (João 3:16).
2. Não temos procurado Deus (Rom. 3:11).
   a. Ele tem-nos procurado.
   b. Deus é o procurador original.
   c. Finalmente, buscar a Deus é tão somente responder ao seu amor.
3. Amados desde a fundação do mundo:
   a. Eleitos nele (Ef. 1:4).
   b. A redenção planejada (I Pedro 1:18-20).
   c. O Cordeiro morto (Apoc.13:8).

B. Quanto custa esse amor (v. 10).

1. "A propiciação pelos nossos pecados".
2. A propiciação refere-se à morte de Cristo na cruz.
   a. A propiciação exigiu pagamento completo por nossos pecados.
   b. Jesus pagou o preço por nós (Is. 53:5-6).
3. A propiciação era Deus resolvendo nosso problema do pecado.

4. H. A. Ironside acerca da propiciação: "Naquelas horas de trevas Deus estava lidando com seu Filho essa terrível questão, então ali Jesus sofreu no íntimo de sua alma o julgamento que você e eu teríamos de sofrer por toda eternidade, se deixados sem um Salvador. Desse modo Ele tornou-se a propiciação."

C. *Para onde o amor envia (v. 11).*

1. Receber amor traz responsabilidade.
   a. Deus nos ama.
   b. Portanto, devemos amar-nos uns aos outros.
2. Somos enviados com amor a todos os crentes (3:14-17).
   a. Esse amor vai além das palavras.
   b. Devemos amar de fato e verdade.
   c. Esse amor produz compaixão por aqueles em necessidade.
3. O amor de Deus também envia-nos com o evangelho, aos pecadores.

III. Conclusão

A. *Você agradeceu hoje ao Senhor por amar-te?*

B. *Você recebeu a Cristo, o presente do amor de Deus?*

C. *Você está levando o amor de Deus para outros?*

MARÇO

A VIDA VITORIOSA

Série em I João *I João 4:4, 18; 5:4*

I. Introdução

A. Na família de Deus não nascem perdedores.
1. Os crentes estão equipados para vencer.
2. Os recursos divinos são nossos para cada batalha.
3. Há, realmente, vitória em Jesus.

B. Enfrentando três inimigos poderosos:
1. Adversários espirituais.
2. Ansiedades repetitivas.
3. Seduções do mundo.

C. Nós podemos vencer.

II. Corpo do Sermão

A. Vencendo nossos adversários (4:4).
1. Os adversários espirituais estão sempre ativos (v. 1-3).
   a. Falando através de falsos profetas (v. 1).
   b. O espírito de anticristo (v. 3).
2. Nossos adversários são enganosos e poderosos.
   a. As ciladas do Diabo (Ef. 6:11).
   b. "Principados e potestades" (6:12).
   c. Os príncipes do mundo das trevas (6:12).
3. Porque podemos vencer esses adversários poderosos.
   a. Aquele que está em nós é maior.
   b. O Espírito Santo é aquele que está em nós (João 14:16-17).
   c. O corpo do crente é templo de Deus (I Cor. 6:19-20).
4. Tenha expectativa de vitória.

B. Vencendo nossas ansiedades (4:18).
1. "Não há medo no amor."
   a. Responder a Deus em amor traz fé.
   b. Fé e medo são opostos.
2. "O feito amor lança fora o medo".

a. Sabendo que somos amados, ficamos destemidos.
b. Esse perfeito amor levou Jesus para a cruz.
c. O amor salvador é também o amor mantenedor.

3.O medo traz tormento.

4.O amor perfeito de Deus traz tranquilidade.
a. Pare de ser atormentado pelo medo.
b. Vencemos o medo descansando no seu perfeito amor.

C. Vencendo as seduções do mundo (5:1-4).

1. Nascemos de novo através da fé em Cristo (v. 1).
2. O novo nascimento equipa-nos para vencer.
3. O mundo oferece muitas seduções (2:16).
a. A cobiça da carne.
b. A cobiça dos olhos.
c. A soberba da vida.
4. A fé é a vitória que triunfa sobre o mundo.

III. Conclusão

A. Recompensas para os vencedores (Apoc. 2:11, 17, 26; 3:5, 12, 21).

B. Um apelo para compromisso para aqueles que esperam vencer.

QUESTÕES ACERCA DA VIDA ETERNA

Série em I João *I João 5:11-13*

I. Introdução

A. A vida é curta quanto à sua duração.

1. A conclusão do salmista: 70-80 anos (sal. 90:10)
2. Nossa média de vida ainda abrange esse limite.

B. Jesus veio para oferecer algo melhor.

1. "Vida com duração interminável" (João 3:16; 5:24).
2. "Vida eterna" (João 17:3).

C. Questões humanas acerca de viver para sempre.

II. Corpo do Sermão

A. Onde a vida eterna é encontrada (v. 11)?

1. A busca da vida eterna.
   a. Preservação do corpo na esperança da vida eterna.
   b. Congelando o corpo na esperança da vida eterna.
   c. Boas obras para obter a vida eterna.
   d. Praticar rituais religiosos para obter vida eterna.
   e. Tudo acima erra o alvo (Ef. 2:8-9).
2. A vida eterna é um presente de Deus.
   a. "Deus nos deu a vida eterna" (v. 11).
   b. "O presente de Deus é a vida eterna" (Rom. 6:23).
3. A vida eterna é encontrada em Jesus ("essa vida está em seu Filho").
   a. Jesus adquiriu a vida eterna para nós na cruz.
   b. Jesus garantiu a vida eterna por sua ressurreição.

B. Quando começa a vida eterna (v. 12)?

1. "Quem tem o Filho tem a vida".
   a. A vida eterna começa quando temos o Filho.
   b. A vida eterna é, então, uma posse imediata.
2. Nós não esperamos até a morte para receber vida eterna.
3. Como recebemos o Filho?
   a. Nós o recebemos pela fé (João 1:12).
   b. Ao recebermos Cristo, somos justificados (Rom. 5:1).

c. Naquele momento temos paz com Deus (Rom. 5:1)..
d. Naquele momento nascemos de novo (I Pe. 1:23).
e. Naquele momento recebemos vida eterna (João 5:24).
4. Rejeitar a Cristo é rejeitar a vida eterna.
a. "Aquele que não tem o Filho de Deus não tem vida";
b. Receba a Cristo e tenha vida eterna agora.

C. Como pode alguém ter certeza de vida eterna (v.13)?

1. Esse foi o propósito da epístola de João.
a. "Para que saibais que tendes a vida eterna".
b. João queria que os filhos de Deus tivessem certeza.
2. João enfatiza novamente a posse presente.
3. A certeza advém de crer nas promessas da vida eterna.
a. Crer que Deus cumpre sua Palavra.
b. Descansar na sua promessa de vida eterna.

III. Conclusão

A. Tem você certeza de que tem a vida eterna?
B. Tenha certeza vindo a Cristo, pela fé, hoje.

DA SINCERIDADE PARA A CERTEZA

Atos 10:43

I. Introdução

A. O valor da sinceridade.

1. O oposto da hipocrisia.
2. A maior parte das pessoas é considerada sincera.

B. As falhas da sinceridade.

1. Alguém pode estar sinceramente errado.
2. Pessoas sinceras têm feito erros trágicos.
3. Sinceridade no errar não salva.

C. Cornélio adquire certeza de salvação.

1. Cornélio era sincero, mas perdido.
2. Pedro foi enviado pelo Senhor para instruí-lo.
3. Como Cornélio foi salvo e obteve certeza.

II. Corpo do Sermão

A. A certeza da Palavra de Deus (v. 43).

1. "A Ele todos os profetas dão testemunho".
2. Cornélio era religioso.
   a. Temente a Deus com sua família.
   b. Ele era generoso dando esmolas.
   c. Ele orava sem cessar.
3. A sinceridade dele não foi suficiente para salvá-lo.
4. Um anjo disse que mandasse chamar Pedro (v. 2-8).
5. Pedro orientou Cornélio nas Escrituras (v. 43).

B. A certeza de todo aquele (v. 43).

1. "De que... todo aquele que nele crê".
   a. Não há restrições para quem pode ser salvo.
   b. Cristo morreu por todos.
2. Essa era uma verdade nova para Pedro.
   a. Pedro limitou o evangelho para os judeus.
   b. Agora ele aprendeu que essa boa-nova era para todos.
3. Pedro lutou com a questão "para todo aquele".
   a. Deus abriu os olhos de Pedro com uma visão (v. 9-16).

b. Os mensageiros de Cornélio chegaram.
c. Pedro viajou com eles para ministrar a Cornélio.
4. Quão gratos podemos ser porque todos podem ser salvos!

C. A certeza do perdão dos pecados (v. 43).

1. "...receberá a remissão dos pecados".
2. Que notícias boas!
   a. Os pecados do passado podem ser abolidos, finalmente.
   b. O completo perdão é dado apenas pela fé.
3. Cornélio pôde ser salvo e ter certeza.
4. Nós também podemos ser salvos e ter certeza.
   a. Não causa admiração se tivermos sido bons o suficiente.
   b. Não há mais culpa acerca dos pecados passados.
5. Podemos simplesmente crer e sermos salvos (At. 16:31).

III. Conclusão

A. Prova de que todos podem ser salvos (v. 44-46).

B. O batismo para os que têm certeza de salvação (v. 47-48).

C. Quão certo você está?

CEIA DO SENHOR – ATÉ QUE ELE VENHA

I Cor. 11:23-26.

I. Introdução

A. O Cristo que morreu e ressurgiu voltará.

1. A promessa de Jesus (João 14:1-3).
2. A promessa dos anjos (At. 1:11).
3. A promessa de profetas e apóstolos (I Tess. 4:13-18).

B. Vivemos levando em consideração o retorno dele.

C. O que isso tem a ver com a Ceia do Senhor?

II. Corpo do Sermão.

A. Os cristãos vão reunir-se para a Ceia do Senhor até que Ele venha (v. 23-26).

1. Jesus instituiu a Ceia para comemorar a morte dele.
2. Através dos séculos, têm mantido essa ordenança.
3. Por que os cristãos continuam a Ceia do Senhor?
   a. Para recordar a morte de Jesus.
   b. Para rededicarem suas vidas.
   c. Para perdoarem um a outro.
   d. Para obedecer, independente das condições.
4. O que a Ceia do Senhor significa para você?
5. A Ceia tornou-se apenas uma formalidade, vazia de fé?
6. A cada Ceia do Senhor, espere Jesus retornar.

B. A mensagem da cruz permanece até que Ele venha (v. 26).

1. Os tempos podem mudar, mas não a mensagem.
2. O evangelho é imutável.
   b. Todos os pecadores ainda precisam de salvação.
   c. A salvação foi adquirida na cruz.
2. O sangue de Cristo e os sacrifícios do V. T.
   a. "Eis o Cordeiro de Deus" (João 1:29).
   b. Não há perdão de pecados sem sangue (Hebr. 9:22).
3. Dinheiro não pode comprar salvação (I Pe. 1:18-20).
   a. Não com coisas corruptíveis.
   b. Não com prata e ouro.

4. A cruz é o tema de um cântico celestial (Apoc. 1:5-7).
5. A cruz sobrevive seus críticos (I Cor. 1:18).

C. O poder da cruz transformará vidas até que Ele venha (v. 26).

1. "O poder de Deus para a salvação" (Rom. 1:16).
2. O sangue de Cristo purifica-nos de todo pecado (I João 1:7).
3. A Ceia do Senhor será sempre relevante.
   a. Precisamos recordar a morte de Cristo.
   b. Precisamos lembrar de sua cruz e de sua vinda.
   c. Ambos dão incentivo e poder para um viver santo.
4. Relembrar sua morte é mais do que ingerir elementos.
   a. É celebrar seu amor.
   b. É dar graças pela sua graça.
   c. É adorar a Deus por seu sacrifício.
   d. É alegrar-se na salvação.

III. Conclusão

A. A Ceia do Senhor é para aqueles que nasceram de novo.

B. A Ceia é um tempo para consertar relacionamentos com Deus e com outras pessoas.

C. Você está pronto para a Ceia do Senhor?

LAVA-PÉS

João 13:1-17.

I. Introdução

A. A hora dos tempos chegou (v. 1).

1. Era o tempo de Jesus partir deste mundo.
2. Esse era o tempo para o qual Ele nasceu.

B. A iniquidade da humanidade alcançou seu clímax (v. 2).

1. A conspiração para a traição de Jesus estava a caminho.
2. Judas decidiu vender o Salvador.

C. Então Jesus lavou os pés deles.

II. Corpo do Sermão.

A. O Salvador como um Servo (v. 3-5).

1. Ele pôs de lado suas vestes.
2. Observe como isso é adequado à obra de Cristo.
   a. Sua posição com seu Pai.(v. 3).
   b. Seu ato de deixar o céu ("levantou-se da ceia") (v. 4).
   c. Sua posição celestial deixada de lado ("tirou o manto").
   d. Sua posição como um servo ("tomando uma toalha").
3. Jesus ainda está purificando pessoas (I Cor. 6:9-11).
4. A água e o lavar.
   a. Água simboliza a Palavra de Deus (Ef. 5:25-27).
   b. Sua Palavra mantém-nos limpos dia após dia.

B. Pedro e seu protesto (v. 6-11).

1. "Nunca me lavarás os pés".
2. Pedro pensa que pode limpar sua própria vida.
   a. Essa é uma tarefa sem esperança.
   b. Pedro logo aprenderá quão desesperadora.
   c. As próximas ostentações e negações de Pedro.
3. "Se não te lavar, não tens parte comigo".
   a. Reforma não salva.
   b. Somente Cristo pode limpar do pecado.
4. A súplica de Pedro por uma limpeza total (v. 9).
5. Pedro não precisava de um banho; somente seus pés estavam sujos.

6. Somos purificados na salvação (Tito 3:5).
7. Nossos pés ficam sujos ao andarmos neste mundo iníquo.

C. O desafio para todos os cristãos (v. 12-17).

1. "Também vós deveis lavar os pés uns aos outros".
2. O que Jesus estava dizendo:
   a. Deveis perdoar.
   b. Deveis ser humildes.
   c. Deveis aplicar a Bíblia uns aos outros, com amor.
3. Você é igual a Jesus com sua bacia de lavar?
4. Ajuda você a manter limpos os pés dos outros?

III. Conclusão

A. Um apelo para o serviço humilde.

B. Um apelo para um andar santo.

C. Somente Jesus pode manter-nos limpos.

SUBINDO PARA JERUSALÉM

Domingo de Ramos *Lucas 19:28-44*

I. Introdução

A. A parábola do rei regressando (v. 12-27).

1. Um nobre que se tornou um rei.
2. Um rei que foi rejeitado.
3. O retorno do rei.
4. Uma parábola preparando os discípulos para o que viria.

B. Agora era o tempo de subir para Jerusalém.

1. A Entrada Triunfal estava pela frente (Domingo de Ramos).
2. A traição e o julgamento de Jesus estavam pela frente.
3. A cruz e a ressurreição estavam pela frente.

II. Corpo do Sermão

A. Jesus subiu para Jerusalém porque era o tempo (v. 28-35).

1. Nosso Senhor sempre foi pontual.
   a. "Ainda não é chegada a minha hora" (João 2:4).
   b. "Ainda não é chegado o meu tempo" (João 7:6).
2. Agora esse tempo chegou.
3. A profecia surpreendente de Daniel será cumprida (9:25).
4. Observe a sequência dos eventos desse dia.
   a. O jumentinho estava lá para os discípulos encontrarem (v. 32).
   b. Os donos lá estavam para reagir, conforme profetizado (v. 33).
5. O grande plano de redenção de Deus estava correto na agenda.
6. "O Calvário não foi uma ideia posterior de Deus. Foi seu plano anterior" (Dr.William Culbertson).
7. Jesus estava chegando a Jerusalém para morrer, pontualmente.

B. Jesus subiu para Jerusalém a fim de cumprir as Escrituras (v. 36-40).

1. Zacarias previu tudo séculos antes (9:9).

a. As pessoas o saudariam com alegria.
b. Brados de louvor encheriam o ar.
c. Ele montaria em um jumentinho ainda não montado.
2. Jesus veio para cumprir as Escrituras.
a. Seu nascimento em Belém (Miq. 5:2).
b. Seu nascimento virginal (Is. 7:14).
c. Sua rejeição pelos homens (Is. 53:3).
d. Sua morte substitutiva (Is. 53:5-6).
3. Isso é o coração do evangelho (I Cor. 15:3-4).
a. Nosso Senhor é tudo o que Ele disse que era.
b. As Escrituras dão garantia acerca dele.

C. Jesus subiu a Jerusalém para morrer pelos pecadores (v. 41-44).

1. O amor de Jesus trouxe-o a esta terra.
2. O amor de Jesus trouxe-o a Jerusalém.
a. Sua chegada motivaria seus inimigos.
b. Sua chegada o levaria para a cruz.
3. Observe sua compaixão por aqueles que o crucificariam.
a. "Ele viu a cidade e chorou sobre ela" (v. 41).
b. Ele pranteou por suas calamidades eminentes (v. 42-44).
c. Ele chorou porque eles falharam quanto ao tempo deles. (v. 44).

III. Conclusão

A. As pessoas falharam no dia oportuno para elas.
B. Não perca tua maior oportunidade.
C. Venha a Jesus pela fé, enquanto você tem tempo.

NENHUMA FALTA ENCONTRADA EM JESUS

Série sobre a cruz *João 18:38*

I. Introdução

A. Das hosanas de Domingo de Ramos ao pretório de Pilatos.
1. A traição por Judas.
2. Pedro nega seu Senhor.
3. Jesus sob julgamento.

B. Cristo diante de Pilatos.
1. O juiz terreno e o "Juiz de toda a Terra" (Gen. 18:25).
2. H. A. Ironside: "Pilatos diante de Cristo".

C. A decisão de Pilatos: "Não acho nele crime algum" (v. 38).

II. Corpo do Sermão

A. Aqui está a declaração de uma testemunha de primeira mão.
1. Pilatos estava ali.
   a. Que os críticos atuais de Cristo sejam silenciados.
   b. O testemunho de Pilatos venceria em qualquer tribunal.
   c. Ele examinou o acusado pessoalmente.
2. Pilatos repetiu sua decisão três vezes (19:4, 6).
3. A decisão de Pilatos concorda com as Escrituras:
   a. "Ele não cometeu pecado" (I Pe. 2:22).
   b. "Santo", "inocente", "imaculado" (Hebr. 7:26).

B. Aqui está a declaração de alguém que estava procurando faltas
1. Pilatos teve problemas frequentes com os judeus.
   a. Eles mantinham Roma informada sobre ele.
   b. Ele estava em apuros com Roma por causa deles.
2. Ele tinha sido enviado a Jerusalém para manter a paz.
   a. Era o tempo da Páscoa.
   b. Não faltavam tumultos.
3. Pilatos gostaria ter encontrado uma falta em Jesus.
   a. Ele estava procurando por uma falta.
   b. Ele queria manter a paz com os judeus.
4. Algumas pessoas estão sempre procurando faltas.
   a. Sai-lhes o sol, mas ficam preocupados com chuva.

b. Só estão felizes quando queixam-se.
c. Eles continuamente especializam-se em coisas secundárias.
5. Porém, o Sr. Negativo nada pôde encontrar de errado em Nosso Senhor.

C. Aqui está a declaração de alguém que rejeitou o impecável.

1. Pilatos não encontrou falta em Jesus.
   a. Tampouco depositou fé nele.
   b. Seu comentário negativo simpático deixou-o perdido.
2. A pergunta comovente de Pilatos: "Que farei, então, de Jesus, que se chama Cristo?" (Mat. 27:22).
   a. Ele delegou a outros a maior questão de sua vida.
   b. Ele tentou ser neutro; lavou suas mãos (27:24).
   c. Ele declarou ser inocente.
   d. Ele decidiu por não decidir

III. Conclusão

A. O que fará você com o único impecável?

B. Não cometa o erro de Pilatos.

C. Receba esse Salvador perfeito pela fé.

1. Faça a maior decisão da tua vida.
2. Crê e sê salvo (At. 16:31).

A COROA DE ESPINHOS

Série sobre a cruz *Mat. 27:27-29*

I. Introdução

A. *Que decisão Pilatos teve de tomar!*
   1. Ele teve de julgar o Juiz de toda a Terra.
   2. Ele teve que decidir entre Cristo e a multidão.
   3. Cada um de nós deve fazer o mesmo.

B. *Pilatos ofereceu à multidão Cristo ou Barrabás.*
   1. O Mestre ou o assassino.
   2. Jesus tomou o lugar de Barrabás... e o teu e o meu.

C. *O açoite, a zombaria, a coroa de espinhos.*

II. Corpo do Sermão

A. *Eles coroaram Jesus, mas não o tornaram rei deles.*
   1. Os soldados vestiram Jesus como um rei.
      a. O manto escarlate.
      b. A coroa de espinhos.
      c. Eles estavam apenas pretendendo.
   2. Muitos pretendem que Jesus seja seu rei.
      a. Parece ser rei na igreja, mas não no lar.
      b. Ele parece ser rei diante de crentes, mas não no trabalho.
   3. A coroa de espinhos feriu Jesus, tirando sangue de sua testa.
      a. Quando apenas pretendemos, ferimos Nosso Senhor.
      b. Vamos realmente fazê-lo rei de nossas vidas.

B. *Eles saudaram Jesus, mas não entenderam o que diziam.*
   1. "Salve, rei dos judeus!" (v. 29).
      a. Essas eram palavras de louvor.
      b. Mas eles as fizeram palavras de zombaria.
   2. Muitos dizem palavras acerca de Jesus, que não entendem.
      a. Muitos cânticos são apenas mentiras.
      b. Muitos compromissos nunca são cumpridos.
      c. Muitos testemunhos não soam verdadeiros.
   3. Jesus merece nossa dedicação total.
   4. Entreguemos nossas vidas a Ele sem reservas.

C. Eles ajoelharam-se como se fossem adorar a Jesus, mas aquilo foi tudo formalidade.

1. Quão profundamente entristecido deve ter ficado Jesus.
2. Ao inclinaram-se, expressaram apenas emoções vazias.
   a. Eles bateram nele com uma cana.
   b. Cuspiram nele.
   c. Feriram-no e depois pretendiam adorá-lo.
3. Assim acontece com muitos hoje.
   a. Dramatização demasiada.
   b. Pouquíssima teologia.
4. Jesus merece culto dos nossos corações; nada menos do que isso.

III. Conclusão

A. Os desafios diante de nós:

1. Dar ao Senhor o controle de nossas vidas.
2. Adorar ao Senhor do profundo de nossos corações.
3. Adorar ao Senhor em Espírito e verdade (João 4:24).

B. Deixe o mundo saber que Ele é realmente nosso Salvador e Rei.

ABRIL

LANÇANDO SORTES SOBRE AS VESTES DE CRISTO

Série sobre a cruz — *Mateus 27:35*

I. Introdução

A. A cruz: onde Deus fez seu melhor e o homem fez seu pior.

1. Cristo e sua compaixão; o homem e sua insensibilidade.
2. Cristo e sua justiça; o homem e sua rebelião.
3. Cristo e seu amor; o homem e sua ilegalidade.

B. Os soldados lançando sortes ao pé da cruz.

1. Acima deles, Cristo estava pagando a dívida do pecado.
2. Olhando para baixo, eles lançavam sortes sobre suas vestes.

II. Corpo do Sermão

A. Eles estavam indiferentes para com a Redenção.

1. Estavam perto de Jesus, mas longe dele.
   a. Poderiam tê-lo tocado, mas ignoraram-no.
   b. Poderiam ter crido nele, mas trataram-no vergonhosamente.
2. Eles conheciam os fatos, mas ignoraram suas implicações.
3. Sempre haverá aqueles indiferentes com a redenção.
   a. Conhecem acerca do amor de Deus, mas continuam perdidos.
   b. Conhecem acerca do sacrifício de Cristo, mas continuam em pecado.
   c. Conhecem acerca da Palavra de Deus, mas continuam na iniquidade.
4. Mesmo esses cumprem as Escrituras (Salmo 22:16).

B. Eles estavam ocupados somente com coisas exteriores.

1. Queriam as roupas de Cristo, mas não a Ele.
   a. Contentes por terem suas vestes,mas não sua cruz.
   b. Contentes por terem seus trajes, mas não sua dor.
   c. Contentes por terem seu manto, mas não sua rejeição.

2. Muitos estão ocupados com coisas acerca de Cristo, mas não com Ele.
   a. Com rituais, mas não com o Redentor.
   b. Com o legalismo, mas não com o Senhor.
   d. Com serviço, mas não com o Salvador.
3. Eles estavam próximos da verdade ,mas não a alcançaram.
4. Eram ativos na igreja, mas não vivos em Cristo.

C. Eles foram descuidados com as vestes de Cristo.

1. Deus foi o primeiro fabricante de roupas do homem.
   a. Adão foi vestido por Deus após a Queda (Gen. 3:21).
   b. O segundo Adão foi despido por homens pecadores ao pé da cruz.
2. Sem Cristo estamos trajados em vestes de imundícia (Is. 64:6).
3. Vestes novas são providas para quem confia em Cristo (Is. 61:10).
   a. As vestes de salvação.
   b. O manto de justiça.

III. Conclusão

A. Não aposte com assuntos eternos.

1. Sem Jesus, você não pode vencer.
2. Confiando nele, você não pode perder.

B. A fé em Cristo dá certeza do céu.

1. Enfrente com destemor teus pecados.
2. Receba Cristo pela fé e fique certo do céu.

O MAIS NOTÁVEL CONVERTIDO DE CRISTO

Série sobre a cruz *Luc. 23:32-43*

I. Introdução

A. É difícil escolher o convertido mais notável.

1. Convertidos entre ricos: José de Arimateia.
2. Convertidos entre religiosos: Nicodemos.
3. Convertidos entre rejeitados: a mulher junto ao poço.

B. O mais notável pode ser o ladrão na cruz.

1. Os caminhos dos três homens cruzam-se na morte.
2. Dois eram completamente culpados; um completamente inocente.
3. Dois pagando suas dívidas para com a sociedade; um pagando nossa dívida do pecado.
4. Um morrendo em pecado, um morrendo para o pecado; um morrendo pelos pecadores.

C. O que torna essa conversão tão notável?

II. Corpo do Sermão

A. Uma profecia notável (v. 32).

2. Jesus terá sua sepultura junto com os ímpios (Is. 53:9).
3. Ele morreria entre eles e sua sepultura seria perto deles.
4. O "rico" também deve ser considerado.
   a. José de Arimateia colocaria Jesus em seu sepulcro.
   b. José era um homem rico.
5. Todas as profecias referentes a Jesus deveriam ser cumpridas.
6. Muitas profecias convergem para a cruz.

B. Uma oração notável (v. 42).

1. Esse ladrão compreende que é pecador (v. 41).
   a. Ele admite sua culpa.
   b. Vê justiça em seu castigo.
   c. Proclama a justiça de Cristo.
2. O conteúdo dessa oração notável.
   a. Chamou a Jesus de "Senhor"
      (1) Nunca viu um milagre feito por Jesus.

(2) Nunca ouviu um sermão de Jesus.

b. "Lembra-te de mim quando".

(1) Não orou para escapar da cruz.

(2) Creu que o Senhor estabeleceria seu reino.

c. Olhou para o crucificado e o chamou de seu rei.

3. "Se houve uma alma pairando na beira do inferno, foi a alma desse ladrão: alguns o teriam considerado demasiado pecaminoso para ser salvo; mas não foi assim (J. C. Ryle).

C. Uma promessa notável (v. 43).

1. "Hoje estarás comigo no paraíso".
2. A única promessa da cruz.
3. As perguntas respondidas nessa promessa.

a. A certeza da salvação somente pela fé.

b. O céu segue imediatamente a morte do crente.

III. Conclusão

A. Lições desse notável texto para os cristãos.

1. Nunca desista dos pecadores.
2. Aproveite cada oportunidade para testemunhar de Cristo.

B. Lições desse texto notável para os incrédulos.

1. Qualquer pecador pode ser salvo pela fé em Cristo.
2. Não espere nem um momento mais para crer.

VÃO ANUNCIAR AS NOTÍCIAS BOAS

Série sobre a ressurreição *Mat.28:1-7*

I. Introdução

A. Um terremoto no domingo de Páscoa (v. 1-2).

1. Três mulheres chegaram ao sepulcro com aromas.
2. Elas chegaram ainda em tempo para um terremoto.

B. A pedra é removida pelo anjo do Senhor.

1. O anjo senta-se sobre a pedra.
2. Demonstra a vitória sobre a morte e o sepulcro.

C. Notícias urgentes para os discípulos.

1. A ordem do anjo: "Ide depressa e dizei".
2. Que notícias urgentes são essas?

II. Corpo do Sermão

A. O sepulcro está vazio (v. 6).

1. "Ele não está aqui".
   a. As mulheres tinham vindo na incredulidade.
   b. Elas esperavam encontrar um corpo.
   c. Encontraram um sepulcro vazio.
2. Considere a confusão delas.
   a. A aparência do anjo.
   b. O tremor dos soldados (v. 4).
   c. Os temores humanos delas (v. 5).
3. Os eventos do terremoto abriram caminho para esse momento.
   a. Jesus diante de Pilatos.
   b. O açoitamento, a zombaria, a crucificação.
4. Agora o sepulcro vazio: o evento seguinte?

B. Cristo ressurgiu (v. 6).

1. "Ele ressuscitou".
2. A importância dessas notícias (I Cor. 15:17-19).
   a. Sem ressurreição não haveria esperança.
   b. Sem ressurreição não haveria salvação.
3. Mas Cristo ressuscitou.
   a. Tudo o que Ele disse era verdadeiro.

b. A salvação pela fé é certeza.

C. Jesus é Senhor (v. 6).

1. "Ele ressurgiu, como disse".
2. A ressurreição provou a divindade de Cristo.
   a. O sinal: "Derrubai este santuário" (João 2:19-21).
   b. O sinal do profeta Jonas (Mat. 12:39-40).
3. A ressurreição cumpriu sua promessa (João 10:17-18).
4. O anjo o chamou de Senhor (v. 2).

III. Conclusão

A. Os discípulos deveriam ser notificados imediatamente.

1. Eles deveriam comparecer ao encontro marcado com Jesus.
2. Ele os comissionará para alcançar o mundo.

B. Estamos anunciando as boas-novas?

1. A necessidade é grande e a mensagem imutável.
2. Vamos levar a sério o levar pessoas a Cristo.

DIZEI A PEDRO

Série sobre a ressurreição — *Marcos 16:7*

I. Introdução

A. A caminhada matinal ao sepulcro (v. 1-4).

1. Três mulheres vêm trazendo aromas.
2. Elas vieram fazer o trabalho de agentes funerários.
3. Estavam preocupadas acerca da remoção da pedra do sepulcro.
   a. A incredulidade é terreno fértil para preocupação.
   b. Não havia necessidade para preocupação.
   c. Quando elas chegaram a pedra estava removida.

B. Três mulheres comissionadas por um anjo (v. 5-7).

1. Elas deveriam lançar fora seus temores: Cristo estava vivo!
2. Elas deveriam contar aos discípulos que Ele ressurgiu.
3. Elas deveriam dar essa certeza a Pedro.

C. Por que Pedro deveria ser avisado?

II. Corpo do Sermão

A. Pedro precisava saber que não foi esquecido (14:22-72).

1. Jesus tinha preparado seus discípulos para o que estava por vir.
   a. A crucificação (v. 22-25).
   b. Perseguição (v. 27).
   c. Sua ressurreição (v. 28).
2. Pedro jurou que nunca se escandalizaria (v. 29-32).
3. Pedro quebrou esse juramento (v. 53-72).
   a. Ele precisava saber que Jesus ainda o amava.
   b. Ele precisava saber que Jesus cumprira sua promessa (v. 28).
4. Falhar não torna alguém um falhador vitalício.
   a. O amor de Deus alcança aqueles que falharam.
   b. A cruz e a ressurreição garantem esse amor.

B. Pedro precisava saber que tinha sido perdoado (v. 53-72).

1. Ele tinha seguido Jesus de longe (v. 54).
2. Ele havia se misturado com os inimigos do Senhor (v. 54-60).
3. Ele se aqueceu com gogo errado (v. 54).

4. Ele negara seu Senhor três vezes.
   a. Não quis ser identificado com Jesus.
   b. Praguejando e jurando, enquanto negava a Jesus (v. 71).
5. Teus pecados também podem ser perdoados.

C. Pedro precisava saber que ele tinha um futuro com Jesus (v. 72).

1. Ele ficara um homem desanimado.
2. Pedro tinha ficado desanimado anteriormente.
   a. Quando sua rede havia rompido (Luc. 5:5-8).
   b. Quando seu orgulho se rompeu (Mat. 16:23).
   c. Quando sua sociedade foi desfeita (Marc. 1:17-20).
3. Ele deixou tudo para seguir a Jesus (Luc. 18:28).
4. Agora ele sentiu-se desqualificado.
5. Pedro precisava saber que ainda pertencia ao Senhor.

III. Conclusão

A. O que a ressurreição significou para Pedro (I Pe. 1:5-8).

1. Ele chamou a ressurreição de "uma viva esperança" (v. 3).
2. Ele sabia agora que Deus não o abandonou.

B. O que a ressurreição significa para você?

DE FATO, O SENHOR RESSURGIU

Série sobre a ressurreição *Lucas 24:34*

I. Introdução

A mais importante pergunta sempre feita: Cristo ressurgiu?

1. Se Ele não ressurgiu, a fé é inútil (I Cor. 15:17).
2. Se Ele não ressurgiu, não há esperança do céu (I Cor. 15:18).
3. "Mas na realidade Cristo ressurgiu dentre os mortos" (15:20).

B. Investigando uma multidão convicta.

1. Muitos que duvidaram da sua promessa, agora criam.
2. Alguns visitaram o túmulo e o encontraram vazio.
3. Outros encontraram Jesus ao longo do caminho.

C. A conclusão deles: "O Senhor ressuscitou realmente".

II. Corpo do Sermão

A. Essas palavras referem-se ao Senhor.

1. "O Senhor ressurgiu realmente".
2. Visto que Ele ressurgiu, concluíram que Ele é o Senhor.
3. Relembre as impressões passadas de alguns deles:
   a. Alguns pensavam que Ele era um grande homem.
   b. Alguns pensavam que Ele era um profeta.
   c. Alguns pensavam que Ele os libertaria do poder de Roma.
4. Agora, reconheciam que o subestimaram.
5. A ressurreição destacou Cristo de todos os outros.

B. Essas palavras falam de vida.

1. "O Senhor ressurgiu de fato".
2. Muito de seu passado tem falado de morte.
   a. A traição e açoitamento de Jesus.
   b. A via dolorosa para a cruz.
   c. A crucificação de Jesus.
   b. O sepultamento por José e Nicodemos.
3. Dúvidas na primeira manhã de Páscoa.
   a. Estavam desesperados acerca do que tinha acontecido.
   b. As mulheres vieram para perfumar o corpo dele.

c. Transformaram redenção em ritual.

4. A ressurreição mudou tudo.

5. A singularidade do evangelho é que ele traz vida.

C. Essas palavras exprimem amor.

1. "E apareceu a Simão".

2. Jesus apareceu ao homem que o negou.

a. Simão Pedro portou-se covardemente.

b. Simão Pedro praguejou.

3. A ressurreição declara o amor de Deus pelos pecadores.

4. A ressurreição oferece perdão aos apóstatas.

III. Conclusão

A. O Senhor vivo ama-te.

B. A cruz prova seu amor.

C. A ressurreição garante seu poder para salvar.

AQUELE QUE VIVE PARA SEMPRE

Série sobre a ressurreição *Hebreus 7:25*

I. Introdução

A. Ressurreição: o sinal bíblico da divindade de Cristo.

1. O templo destruído e restaurado (João 2:18-22).
2. Jonas três dias no grande peixe (Mat.1 2:38-40).

B. O que a ressurreição significa para você e para mim?

1. Por que a ressurreição é importante?
2. O que ela conta-nos acerca de Jesus?

II. Corpo do Sermão

A. Ele é capaz

1. Ele é capaz de salvar perfeitamente.
   a. Ele é capaz de perdoar nossos pecados.
   b. Ele é capaz de tornar-nos filhos de Deus.
   c. Ele é capaz de estar conosco na tribulação.
   d. Ele é capaz de levar-nos para o céu quando morrermos.
   e. Ele é capaz de arrebatar-nos no seu retorno.
2. Como isso foi verdadeiro durante seu ministério terreno.
   a. Restaurando a vida da filha de Jairo (Marc. 5:22-43).
   b. Curando a mulher que tocou suas vestes (Marc. 5:25-34).
   c. Ressuscitando Lázaro (João 11:38-46).

B. Ele está disponível.

1. "Os que por Ele se chegam a Deus".
2. Jesus está sempre querendo que as pessoas se aproximem dele.
   a. Ele esteve disponível para as crianças (Mat. 19:13-15).
   b. Ele esteve disponível ao cego Bartimeu (Marc. 10:46-52).
   c. Ele esteve disponível para Zaqueu (Luc. 19:1-10).
3. Jesus está disponível para você e para mim hoje.
   a. Mesmo se o tivermos negligenciado.
4. Todo aquele que o invocar encontrá-lo-á disponível (Rom. 10:9, 13).

C. Ele está vivo.

1. "Porquanto vive sempre para interceder por eles".
2. A obra de Cristo completa e incompleta.
   a. Sua obra de redenção foi completada na cruz.
   b. Sua obra de intercessão continua até hoje.
3. Visto que Ele está vivo, temos esperança do futuro.
   a. Não enfrentamos tentações sozinhos.
   b. Não enfrentamos provações sozinhos.
   c. Quando tropeçamos, Ele ali está para levantar-nos.
   d. Quando pecamos, Ele está lá para interceder.

III. Conclusão

A. O Salvador que é suficiente para todos nós.

B. Você o fará seu próprio Salvador?

A ASCENSÃO DE JESUS CRISTO

Série sobre a ressurreição *Atos 1:1-11*

I Introdução

A. Quarenta dias após a ressurreição.

1. O número do período de completa provação ou ampla demonstração.
   a. Israel no deserto quarenta anos.
   b. Nínive a ser destruída dentro de quarenta dias.
   c. Cristo jejuou quarenta dias antes de ser tentado.
2. Muitas aparições do Cristo ressurreto durante quarenta dias.

B. A experiência esquecida.

1. A Ascensão é uma outra experiência culminante.
   a. O Sermão do Monte.
   b. O Monte da Transfiguração.
   c. Os discursos do Monte das Oliveiras.
   d. O início da Entrada Triunfal.
2. Venha e contemple a ascensão do Cristo ressurreto.

II. Corpo do Sermão

A. Cristo subiu para preparar um lugar (v. 2).

1. As promessas pacíficas do Cenáculo (João 14:2).
   a. Antes associadas com sua morte.
   b. Agora, enquanto sobe, as promessas são repetidas.
2. O Criador preparando para nós desde então até agora.
3. Pensamos muito pouco desse lugar preparado.
4. O que a esperança do céu significa para você?

B. Cristo subiu para preparar seu povo (v. 4-8).

1. A promessa do Pai (João 14:16, 26).
   a. A vinda do Espírito Santo.
   b. O Espírito Santo para habitar os crentes (João 14:17).
2. O que o Espírito Santo vindo faria:
   a. Proveria poder para testemunhar (v. 8).
   b. Proveria paz para os aflitos (14:27).
   c. Proveria poder para viver vida semelhante a Cristo (Gal. 5:22-23).

C. Cristo subiu para preparar seu retorno (v. 6-11).

1. A questão acerca do reino (v. 6).
   a. A curiosidade do homem acerca do tempo do retorno de Cristo.
   b. Ninguém sabe desse segredo sagrado (v. 7; Mat. 24:36).
2. Esse mesmo Jesus retornará (v. 11).
3. O que acontecerá quando Jesus retornar?
   a. Os salvos serão ressurretos. (I Tess. 4:13-16).
   b. Os crentes vivos serão arrebatados (4:17).
4. O que o Cristo que subiu está fazendo agora?
   a. Está preparando lugar para nós (João 14:1-3).
   b. Está intercedendo por nós (Hebr. 7:25; I João 2:1).
   c. Está movendo pessoas e nações dentro do seu plano profético.
5. Cristo retornará pontualmente.

III. Conclusão

A. Cristo preparou seus discípulos para o que viria.

B. Você está preparado para servir o Senhor até que Ele volte?

C. Você está pronto para o retorno de Cristo?

O TEXTO UNIVERSAL

João 3:16

I. Introdução

A. O verso mais conhecido na Bíblia.

1. Ensinado a crianças na Escola Bíblica Dominical.
2. Sussurrado aos queridos no leito da morte.
3. Apresentado às multidões nos eventos atléticos.
4. Conhecido por muitos mais do que outro verso da Bíblia.

B. Porque João 3:16 é um texto universal.

1. Contém amor suficiente para todos.
2. Contém sacrifício suficiente para todos.
3. Contém vida que é suficientemente longa para todos.

C. Redescobrindo João 3:16.

II. Corpo do Sermão

A. Amor suficiente para todos.

1. "Porque Deus tanto amou o mundo".
2. E se Deus não tivesse amado o mundo.
   a. Estaríamos todos sem esperança.
   b. Não haveria propósito em viver.
3. Deus nos ama tanto.
   a. Não importa o que temos feito.
   b. Não importa nossa s posições na vida.
   c. Não importa quão inúteis nos sintamos.

B Sacrifício suficiente para todos.

1. "Que deu seu Filho Unigênito".
   a. O nascimento em Belém está incluso nessas palavras.
   b. A vida impecável de Jesus está inclusa nessas palavras.
   c. A morte de Jesus está inclusa nessas palavras.
   d. A ressurreição de Jesus está inclusa nessas palavras.
2. O amor de Deus moveu-o a dar seu Filho.
3. O sacrifício suficiente por nossos pecados.
   a. O Cordeiro de Deus sacrificado por todos (João 1:29).
   b. Purificados de todo o pecado (I João 1:7-9).

c. Todos nossos pecados foram colocados sobre Ele (I s. 53:5-6).
d. Purificados de todos os pecados pelo seu sangue (Apoc. 1:5).

C. Convite suficiente para todos.

1. "Para que todo aquele que nele crê".
2. Todo aquele que é uma palavra para todos.
   a. Uma palavra que é geral, contudo particular.
   b. Uma palavra que abrange todos, porém é de responsabilidade de cada um.
3. Escreva teu nome neste texto e creia.

D. Vida que é suficientemente longa para todos.

1. "A fim de que não pereça, mas tenha vida eterna".
2. Nossa vida natural alcança em torno de 70-80 anos.
3. A vida eterna é muito melhor.

III. Conclusão.

A. Aqui, pois, há uma mensagem para todos.

B. Como responderemos a ela?

C. Todos que respondem em fé recebem vida eterna.

MAIO

OLHANDO PARA OS MONTES

Salmo 121

I. Introdução

A. Um salmo para aqueles que precisam de ajuda.

1. Se você precisa de ajuda esse salmo é para você.
2. Não há outra exigência para os leitores desse salmo.

B. Todos frequentemente precisamos de ajuda.

1. Neste mundo temos aflições (João 16:33).
2. Às vezes as pessoas nos causam aflições.
3. Algumas vezes nossos corpos nos causam aflições.

Às vezes nós mesmos trazemos aflição sobre nós.

C. Quando a tribulação chega, olhe para os montes.

II. Corpo do Sermão

A. Olhe para um monte chamado Sinai.

1. Moisés e o Monte Sinai (Ex. 20).
   a. Moisés e a sarça ardente.
   b. Moisés chamado para libertar seu povo.
   c. Moisés trazendo pragas sobre Faraó.
   d. Moisés guiando Israel através do Mar Vermelho.
   e. Moisés no Monte com Deus.
2. No Monte Sinai Moisés recebeu a Lei de Deus.
   a. A lei que declara a santidade de Deus.
   b. A lei que estabelece princípios imutáveis.
3. Esse Deus santo e imutável oferece ajuda àqueles em aflição.

B. Olhe para um monte chamado Calvário.

1. O lugar onde Jesus morreu para satisfazer a lei.
   a. O lugar de misericórdia e graça.
   b. Onde Deus foi justo e justificador (Rom. 3:23-26).
   c. Onde o perdão flui livremente.
2. Esse é o monte de salvação e esperança.
   a. Você está sobrecarregado com o pecado?
   b. Você deseja segurança acerca do céu?

3. Na cruz está a solução.
    a. Quando você está em sofrimento.
    b. Quando você está indisposto a perdoar.
    c. Quando você tiver sido ferido por outro alguém.
    d. Quando você está ofendido.
4. Há lugar para você junto à cruz.

C. Olhe para o monte chamado Oliveiras.

1. Esse é o lugar da ascensão do Cristo vivo.
    a. Cristo subiu conforme Ele disse.
    b. Servimos um Salvador vivo.
2. Ali os discípulos foram comissionados (At. 1:8).
3. A promessa do seu retorno foi dada pelos anjos (1:11).
4. Nalgum dia Ele retornará aqui para estabelecer seu reino.

III. Conclusão

A. Um convite para aqueles que precisam de ajuda.

1. Venha pela fé a este Salvador justo.
2. Venha pela fé a este Salvador crucificado.
3. Venha pela fé a este Salvador ressurreto, e de retorno.

B. Você achará graça ao ser socorrido no tempo da tua necessidade.

PAZ, AQUIETA-TE

Marcos 4:35-41

I. Introdução

A. O longo dia de pregação de Nosso Senhor.

1. A multidão era tão grande que Ele ensinou de dentro de um barco.
2. Temas do seu ensino:
   a. A parábola do semeador.
   b. A candeia debaixo da vasilha.
   c. A colheita pronta.
   d. A semente da mostarda.

B. Jesus com seus discípulos no final do dia.

1. Terminando o dia com uma aventura.
2. Um tempo que os discípulos nunca esqueceriam.

II. Corpo do Sermão.

A. Promessa ao entardecer (v. 35).

1. "Passemos para o outro lado".
2. Que grande promessa!
   a. Refere-se a uma caminhada com Jesus.
   b. Refere-se à comunhão com Ele do outro lado.
   c. Refere-se à passagem segura para a caminhada.
3. A vida cristã é semelhante a essa caminhada.
   a. Podemos estar cansados quando Ele nos chamar.
   b. Decidimos viajar com Ele.
   c. Ele vai conosco durante toda a caminhada.
   d. Temos a garantia de uma passagem segura para o céu.
4. Esteja certo de que você está caminhando com Jesus.

B. O perigo trazido pela tempestade (v. 37).

1. "E se levantou uma grande tempestade de vento".
2. As ondas começaram entrar no barco.
3. Quão devastadoras são as catástrofes da natureza!
   a. Nem sempre tem sido assim: a tranquilidade do Éden
   b. Há um dia melhor pela frente (Is. 35).

4. Lições para os discípulos na tempestade:
    a. Eles estavam obedecendo, contudo a tempestade veio.
    b. Eles estavam caminhando com Jesus, porém, a tempestade veio.
    c. Eles estavam no centro da vontade de Jesus, porém, a tempestade veio.
5. Tempestades vêm a todos.

C. O propósito da tempestade (v. 38-41).

1. Jesus sabia que a tempestade viria.
2. Ele estava equipado para mandá-la embora.
3. Ele escolheu passar pela tempestade com seus discípulos.
4. A tempestade capacitou-os a medirem sua fé
    a. Eles aprenderam que Cristo está conosco nas tempestades.
    b. Eles aprenderam que Ele é capaz em qualquer ocasião.
5. Tempestades diferentes para propósitos diferentes.
    a. A tempestade de Jonas foi para trazê-lo de volta ao Senhor.
    b. A tempestade de Paulo foi para prover oportunidades de testemunho.
    c. A tempestade em apreço foi para edificar a fé dos discípulos.
6. Não julgue o propósito de outra tempestade.

III. Conclusão

A. Jesus e sua ordem: "Cala-te, aquieta-te" (v. 39).

B. "Que tipo de homem é este?" (v. 41).

1. Ele é aquele que nos convida a caminhar com Ele.
2. Ele é aquele que está conosco em nossas tempestades.
3. Ele é capaz em qualquer ocasião.

DIA DAS MÃES

UMA GRANDE MULHER DE DEUS

II Reis 4:8-37 Reis44:8-37

I. Introdução

A. Eliseu e a grande mulher de Suném (v. 8).

1. Deus é zeloso com seus adjetivos.
2. Essa deve ter sido uma mulher incomum.

B. O que fez da sunamita uma grande mulher?

1. Que qualidades de caráter a tornou extraordinária?
2. O que as mães podem aprender com ela?

II. Corpo do Sermão

A. Sua compaixão pelo profeta de Deus (v. 9-10).

1. Eliseu com frequência viajava a Suném.
   a. Ele tornou-se conhecido dessa família.
   b. Quando vinha a Suném parava ali para alimentar-se.
2. Essa grande mulher viu a necessidade de Eliseu de alojamento.
   a. Ela reconheceu nele um homem de Deus.
   b. Ela insistiu com seu marido para acrescentar um quarto para Eliseu.
3. Ela importou-se a ponto de envolver-se.
   a. Ela projetou e proveu um quarto para Eliseu.
   b. Ela ofereceu uma estadia permanente a ele.
4. Grandes mães são pessoas de compaixão.

B. Seu contentamento com a provisão de Deus? (v. 12-17).

1. Eliseu queria fazer algo para retribuir a essa mulher.
   a. "Que se há de fazer por ti?"
   b. Eliseu ofereceu-se para interceder por ela junto a pessoas influentes.
2. Essa grande mulher rejeitou a oferta do profeta.
   a. "Eu habito no meio do meu povo!"
   b. Ela estava contente com o que possuía (I Tim. 6:6).
3. Eliseu prometeu-lhe um filho.
   a. Ele concluiu ser esse um desejo dela.

b. Ele prometeu-lhe um filho dentro de um ano.
c. O filho nasceu como prometido.
4. Deus honrou o contentamento dela.
a. Ela não se queixou.
b. Deus lhe deu o desejo do seu coração.

C. Sua Confiança no poder de Deus (v. 18-37).

1. O filho ficou doente e morreu.
a. Tinha estado com o pai e os seguidores.
b. Uma forte dor de cabeça o remeteu à sua mãe.
c. O filho morreu no colo da mãe.
2. A grande confiança da mulher em uma crise.
a. Ela mandou chamar Eliseu e confiou no Senhor.
b. "Tudo vai bem" (v. 23).
c. "Vai bem" (v. 26).3. Ela sabia que Deus cuidaria do filho.
a. Mesmo a morte não destruiu sua fé.
b. Eliseu apressou sua viagem a Suném para curar seu filho.
4. O filho vive pelo poder de Deus (v. 32-37).

III. Conclusão

A. A fé de uma mãe recompensada.

1. Deus ouviu as orações dessa mãe.
2. Deus respondeu as orações de muitas mães.

B. Sua mãe está orando por você?

QUE TENS, AGAR?

Dia das mães *Gen.21:17*

I. Introdução

A. Agar: a mãe das nações árabes.

1. É fato bem conhecido que Abraão é o pai de Israel.
2. Ele é também o pai das nações árabes (Gen. 16).
3. Sara é a mãe de Israel.
4. Agar é a mãe das nações árabes.

B. O nascimento de Ismael (Gen. 16).

1. A promessa original de Deus a Abraão (Gen. 15:4-6).
2. O plano de Sara: Agar proveria um filho para Abraão.

C. O nascimento de Isaque e a dor de cabeça para Agar (Gen. 21).

1. Agar e Ismael mandados embora para o deserto.
2. O clamor de Agar e a pergunta de Deus: Que tens, Agar?

II. Corpo do Sermão

A. A pergunta de Deus quando uma mãe estava aflita por seu filho.

1. Agar pensou que seu filho poderia morrer.
2. As mães têm derramado muitas lágrimas por seus filhos.
   a. Em tempos de enfermidade.
   b. Quando eles são teimosos.
   c. Quando estão em perigo.
3. As mães têm:
   a. Escondido suas lágrimas quando palavras ásperas lhes são ditas.
   b. Orado em meio às lágrimas, quando magoadas ou aflitas.
   c. Esperado por longos anos por seus filhos negligentes.
   d. Clamado a Deus a quem seus filhos têm rejeitado.
4. Contudo, naquela hora Deus se importou com as lágrimas de Agar.
5. Deus visitou Agar para aliviar seu coração.

B. A pergunta de Deus para uma mãe que tinha sido enganada por outros.

1. A mãe tinha sido enganada por um homem.
2. A mãe tinha sido enganada por um homem de Deus.
   a. Ela o tinha visto orando.
   b. A mãe tinha admirado sua coragem e fé.
3. Ela o tinha conhecido em sua maior fraqueza.
4. Sara tinha tomado parte nesse erro.
5. Nem sempre somos o que deveríamos ser.
6. Você foi magoado por um cristão professo?

C. A pergunta de Deus para uma mãe que aprendera com sua sinceridade.

1. Ela começara sua jornada com pão e água.
2. Agora seu pão fora comido e sua água acabou.
3. O que Deus não aconselhou Agar fazer:
   a. Afligir-se por seus problemas.
   b. Manter rancores e alimentar mágoas.
4. Pelo contrário, abriu seus olhos para sua provisão.
   a. Havia água ao seu alcance.
   b. Deus tem provido todas as nossas necessidades.

III. Conclusão

A. A reação de Agar: encheu sua vasilha e deu água a Ismael.

1. A água para manter a vida estava disponível para essa mãe atribulada.
2. Deus proveu água viva concedendo vida eterna.
3. Essa água viva é nossa através da fé em Cristo.

B. O que você fará com a benção da vida eterna provida a você?

1. Compartilhará a água viva?
2. Contará a outros de Cristo e seu amor?

FORTALECEI-VOS

Ef.6:10

I. Introdução

A. Uma ordem de Paulo a todos: Fortalecei-vos!

1. Precisamos ser fortes por causa dos nossos adversários.
2. Precisamos ser fortes por causa dos nossos testemunhos.

B. Finalmente – Uma palavra que aponta retrospectivamente e para a frente.

1. Aponta para trás, para as ricas verdades da epístola.
2. Aponta para a frente, para os conflitos da vida cristã.

C. Considerando essas palavras importantes : fortalecei-vos!

II. Corpo do Sermão

A. Fortalecei-vos! São palavras militares.

1. Cada crente está alistado em uma batalha.
2. Paulo está pronto para revelar o inimigo (v. 11-12).
   a. Enfrentamos um inimigo poderoso com muitos aliados.
   b. Devemos estar fortalecidos para a batalha.
3. Em que áreas precisamos de fortalecimento?:
   a. Fortes no caráter (v. 14).
   b. Fortes na fé (v. 16).
   c. Fortes no conhecimento bíblico (v. 17).
   d. Fortes na oração (v. 18).

B. Fortalecei-vos! Pode parecer palavras de zombaria.

1. Às vezes palavras boas ficam inexpressivas.
2. Talvez essas boas palavras zombem de você hoje.
   a. Você sente-se particularmente fraco.
   b. Tuas provações levam-te ao desespero.
   c. A tentação empurrou-te para um precipício.
   d. Você duvida se conseguirá prosseguir.
3. Você tem tentado ser forte.
   a. Pretendeu melhorar tua linguagem.
   b. Tentou controlar teu temperamento.
   c. Fez esforço para parar de preocupar-se.

d. Resolveu parar de magoar com a língua.
e. Decidiu manter uma vida devocional.
4. Você continuou em queda repetidamente.

C. Fortalecei-vos! As palavras que seguem tornam as anteriores palavras milagrosas.
1. " "Fortalecei-vos no Senhor e na força do seu poder".
2. Algumas batalhas são muito difíceis para nós.
3. Alguns adversários são muito fortes para nós.
4. Temos um Salvador poderoso (Mat. 28:18).
a. Isso muda o quadro.
b. Podemos trocar nossa fraqueza por sua força (Is. 40:31).
c. Podemos fazer todas as coisas através de Cristo (Filip. 4:13).

III. Conclusão

A. Nosso Senhor crucificado e vivo dá a vitória.
1. Ele convida todos os derrotados a vir a Ele.
2. Crendo nele temos certeza de vencer.

B. A fé vence o mundo (I João 5:4).

AVANTE, SOLDADOS CRISTÃOS

Ef. 6:12-18

I. Introdução

A. A vida cristã é o início de muitas coisas.

1. Comunhão, esperança, alegria, certeza do céu.
2. O início de uma luta com inimigos invisíveis.

B. J.C. Ryle sobre a Luta: "É uma luta de necessidade perpétua. Não admite tempo para respirar, nem armistício, nem trégua. Mesmo nos fins de semana, bem como nos domingos; em particular ou em público; em casa no aconchego da família, bem como no exterior".

C. Estamos equipados para vencer.

II. Corpo do Sermão

A. A armadura da firmeza. (v. 14-15).

1. Nossos lombos cingidos com a verdade.
   a. Isso era para prevenir confusão e queda.
   b. Apelo à veracidade; nosso inimigo é mentiroso (João 8:44).
2. A couraça da justiça.
   a. Justiça atribuída pela fé (Rom. 4:3).
   b. Justiça concedida (Rom. 4:8).
   c. Justiça demonstrada em nossas vidas.
   d. Essa armadura protege o coração.
   e. Somos logo derrotados se não agirmos corretamente.
3. Nossos pés calçados com a preparação do evangelho da paz.
   a. Vivendo o evangelho de modo que outros encontrem Cristo.
   b. Falando do evangelho aos perdidos.
   c. Levando o evangelho para os que não o ouviram.
4. Somos chamados a praticar aquilo que pregamos.

B. A armadura da confiança (v. 16-17).

1. O escudo da fé: confiança em Cristo.
   a. Proteção contra as setas do inimigo.

b. Devemos acreditar em nossas convicções e duvidar das incertezas
c. A vida cristã começa e continua por fé.
2. O capacete da salvação.
a. Por que a cabeça e não o coração.
b. A importância da salvação bíblica.
c. A certeza assegura a vitória.
C. A armadura da comunicação (v. 17-19).
1. A espada do Espírito Santo: a Palavra de Deus.
a. Deus comunga conosco através da Bíblia.
b. Devemos retomar nossas ordens de marcha cada dia.
c. Negligenciar a Bíblia implica em derrota.
2. Orando sempre.
a. Comungamos com Deus através da oração.
b. "Orai sem cessar" (I Tess. 5:17).
c. Orando no Espírito Santo.
d. Orando pelos soldados companheiros (v. 18-19).

III. Conclusão

A. Nossa armadura protege-nos à medida que avançamos.
B. Nosso Senhor nunca soará o toque de recolher.
C. Mantenha a expectativa de vencer a cada embate, cada dia.

JESUS JUNTO A UM SEPULCRO

Dia memorial *João 11:38*

I. Introdução

A. Um dia para lembrar.

1. Lembrando aqueles que morreram para preservar a liberdade.
2. Lembrando os queridos que morreram.
3. Decorando túmulos e lembrando.

B. O que Jesus fez junto a um sepulcro.

1. Jesus chorou e comoveu-se.
2. O que esse verso conta-nos acerca de Jesus.

II. Corpo do Sermão.

A. Jesus compreende nossa dor.

1. Lázaro tinha sido um bom amigo.
2. Jesus veio para ressuscitá-lo.
3. Todavia, Ele chorou com aqueles que sentiram sua perda.
   a. Ele compreendeu o coração partido de Maria.
   b. Ele compreendeu as lágrimas de Marta.
   c. Ele compreendeu a dor da separação.
4. As promessas: vida eterna, céu, ressurreição.
5. Contudo, é normal sentir pesar quando queridos morrem.
   a. As lágrimas são a válvula de segurança de Deus para nossa saúde emocional.
   b. Jesus entende isso; Ele comoveu-se e chorou.

B. Jesus adentra nosso sofrimento.

1. Alguns entendem, mas nada fazem para ajudar.
2. Jesus envolve-se em nossa dor e ministra a nós.
   a. Ele viu o sofrimento de um homem cego e deu-lhe vista.
   b. Ele viu o sofrimento de um homem paralítico e o fez andar.
   c. Ele viu o sofrimento de 10 leprosos e restaurou a saúde deles.
3. Jesus está aqui hoje envolvendo-se com tua dor.
4. A cruz prova seu amor.
   a. Morrendo para pagar nossos pecados.

b. Assegurando o paraíso a um ladrão na hora da morte.

5. Traze tua tristeza àquele que se importa.

C. Jesus oferece esperança para aqueles que estão sofrendo.

1. O Salvador compassivo sempre é triunfante.
   a. Ele morreu e ressuscitou.
   b. Ele foi vitorioso sobre o sepulcro.
2. Jesus é capaz em qualquer ocasião.
   a. "Tirai a pedra" (v. 39).
   b. "Lázaro, vem para fora" (v. 43).
   c. Lázaro saiu vivo.
3. Jesus trará esperança para você.
   a. No dia mais sombrio, Ele dá uma saída.
   b. Traze teu coração partido a Ele.

III. Conclusão

A. As memórias abateram-te?

B. Faça desse dia um Dia Memorial.

1. Permita que o Senhor ministre em teu pesar.
2. Confie naquele que realmente se importa.

MEMORIAIS AO MESTRE JESUS

I Cor. 11:23; Rom. 6:3-4; I P e 2:21

Dia Memorial

I. Introdução

A. Celebrando o Dia Memorial

1. Oficialmente é um dia para recordar os que tombaram na batalha.
2. O preço da liberdade tem sido sempre alto.

B .Consideramos mui superficialmente as bênçãos conquistadas com sangue.

C. A morte de Cristo também adquiriu liberdades.

1. Liberdade do medo, morte, inferno.
2. Liberdade da escravidão do pecado.

D. Vamos considerar alguns memoriais ao Mestre Jesus:

II. Corpo do Sermão

A. A Ceia do Senhor (I Cor. 11:23).

1. A Ceia do Senhor é um memorial da morte de Cristo.
2. Interpretações equivocadas acerca da Mesa do Senhor.
   a. Alguns pensam ser ela um meio de salvação.
   b. Alguns pensam que ela foi somente para a igreja primitiva.
   c. Alguns acham que ela remove pecado.
   d. Alguns pensam que é a oferta do corpo de Cristo repetidamente.
3. A Ceia do Senhor é um memorial; um quadro da morte de Cristo.
4. Aprendendo desse memorial:
   a. A seriedade do pecado.
   b. A grandeza do amor de Deus.
   c. O preço da salvação.

B. Batismo (Rom. 6:3-4).

1. O batismo é um memorial do sepultamento e ressurreição de Cristo.

2. O batismo é:
    a. Ser seguidor de Jesus (Mat. 3:13-17).
    b. Obedecer a Jesus (Mat. 28:18-20).
    c. Identificação pública com Jesus (At. 2:41).
3. Você foi batizado?
4. Como foi seu preparo para o batismo?
5. Você andava mais próximo de Jesus naquela época?
6. Essa época significa uma nova dedicação àquele que morreu por você?

C. Uma vida semelhante a Cristo (I Pe. 2:21).

1. Uma vida semelhante a Cristo é um memorial ao senhorio de Cristo.
2. Nós somos as únicas Bíblias que alguns lerão.
3. Que cada palavra e ação tuas lembrem uma pessoa de Jesus.
4. Isso declara o senhorio de Cristo sobre você.
5. Quem governa tua vida?

III. Conclusão

A. Que espécie de memorial a Cristo é você?

B. Muitos precisam ser libertos.

1. A verdade liberta a pessoa (João 8:32).
2. O poder de Cristo liberta (João 8:36).

C. Faça deste Dia Memorial um Dia para Recordar.

1. Venha e receba aquele que morreu por você.
2. Submeta-se completamente a Ele.

JUNHO

FÓRMULA DE SUCESSO INFALÍVEL DE DEUS

Domingo de formatura *Prov. 3:5-6*

I. Introdução

A. Todos querem ser bem-sucedidos.

1. A ênfase na educação para o sucesso.
2. As esperanças dos pais pela educação dos filhos.
3. Sonhos da juventude para obter sucesso.

B. O que é sucesso?

1. Não é segurança financeira (Marc. 8:36).
2. Fama e popularidade, ambos são fugazes (I João 2:17).
3. Sucesso é viver fazendo a vontade de Deus (2:17).

C. Como ter a direção de Deus em tudo o que fazemos.

II. Corpo do Sermão

A. Receber o Filho de Deus.

1. "Confia no Senhor de todo o teu coração" (v. 5).
2. A fórmula de Deus para o sucesso começa com fé.
   a. Confiar = fé ou "crer".
   b. "Confia no Senhor" ocorre 152 vezes no Velho Testamento.
   c. Equivalente a "Crê no Senhor Jesus Cristo".
3. O sucesso começa com o ser nascido de novo (João 3:3-5).
   a. Nicodemos, embora bem-sucedido, precisou de salvação.
   b. Ele era um líder religioso, mas estava perdido.
   c. Comece pelo começo: receba Jesus agora (João 1:12).

B. Leia a Palavra de Deus.

1. "Não te estribes em teu próprio entendimento".
2. O entendimento humano é limitado e frequentemente falho.
   a. Nosso saber não trouxe as respostas principais para a vida.
   b. Alguém pode ser erudito, mas não alcança a verdade (II Tim. 3:7).
3. A Bíblia emite o ponto de vista de Deus acerca da vida.
   a. Concede sabedoria (Salmo 119:99).
   b. Dá entendimento (119:104).

c. Ilumina (119:130).
d. Edifica a fé (Rom. 10:17).
4. Não existe sucesso sem a aplicação da Palavra de Deus no viver.

C. Reconheça a mão de Deus.
1. "Reconhece-o em todos os teus caminhos" (v. 6).
2. Deus está operando em todos os eventos em nossas vidas.
a. "Todas as coisas provêm de Deus" (II Cor. 5:18).
b. "Todas as coisas operam juntas para o bem" (Rom. 8:28).
3. Observe a mão de Deus em tudo.
a. Isso removerá a ansiedade e aumentará a alegria.
b. Isso fará de você uma pessoa positiva e grata a Deus.

III. Conclusão

A. Nossa parte nessa fórmula de sucesso infalível:
1. Devemos começar pela fé.
2. Devemos fazer escolhas pela fé.
3. Devemos ousar dar os passos da fé.

B. A parte de Deus: "E Ele dirigirá teus caminhos" (v. 6).
1. Esse é o viver bem-sucedido.
a. Conhecer a vontade de Deus e praticá-la.
b. Ter a direção de Deus cada dia.
2. A vontade de Deus fica bem!
3. Você a praticará?

O ALTO PREÇO DE ESTAR PERDIDO

Luc. 12:16-21

I. Introdução

A. O preço de estar perdido- um assunto negligenciado.

1. A maioria da pregação tem a ver com temas felizes.
   a. As bênçãos da vida cristã.
   b. A expectativa das alegrias do céu.
2. A verdade exige equilíbrio.
   a. Devemos enfrentar o preço de estar perdido.
   b. Devemos advertir os perdidos para escapar do inferno.

B. Uma parábola triste de um homem perdido que perdeu tudo.

1. Ele é rico, mas espiritualmente deplorável.
2. Ele é rico, mas termina em remorso.

C. Porque o rico insensato perdeu tudo.

II. Corpo do Sermão

A. Sua felicidade estava limitada aos eventos da Terra (v. 16).

1. "O campo de um certo homem rico produzira com abundância".
   a. Tudo parecia estar indo muito bem.
   b. O sucesso na agricultura fê-lo feliz.
2. Os investimentos aqui sempre são com risco.
3. Que revezes financeiros aconteceram a ele.
   a. Uma seca poderia tê-lo assolado.
   b. Chuva demasiada poderia tê-lo assolado.
4. Ele não tinha paz interior para as circunstâncias adversas.
5. Somente a fé em Cristo equipa-nos para os tempos difíceis (Rom. 8:38-39).

B. Seus bens estavam limitados às colheitas da Terra (v. 17-18).

1. "Que farei...?".
2. Sua prosperidade produziu problemas.
   a. Ele não sabia o que fazer com o sucesso.
   b. Sua riqueza crescente complicou sua vida.
   c. Ele nem pensou em compartilhar com outros.

3. O rico insensato sofria de: "Estou com problemas".
   a. "Farei isto: Derribarei os meus celeiros".
   b. Seus novos celeiros fariam propaganda de sua riqueza.
   c. "Ali recolherei os meus cereais e meus bens".
4. Tudo o que esse rico insensato colheu era perecível.
5. A fé em Cristo previne o perecível (João 3:16).

C. Suas esperanças estavam limitadas aos horizontes da Terra (v. 19-20).

1. O rico insensato estava preparado para a aposentadoria.
   a. Ele olhava para o futuro com confiança.
   b. "Alma descansa, come, beba e sê feliz".
2. Seu plano para o futuro estava incompleto.
   a. Ele planejou o descanso, alimentação e lazer.
   b. Negligenciou planejar para a eternidade.
   c. Naquela noite enfrentaria a morte, o túmulo, o inferno.
3. O rico insensato deixaria suas riquezas para trás.
4. Outros iriam ser donos de tudo o que ele adquiriu com tanto esforço.
5. Ele perdeu tudo, inclusive sua alma.

III. Conclusão

A. Muitos são semelhantes ao rico insensato (v. 21).

1. Investem suas vidas em bugigangas temporais.
2. Poderiam vir a Cristo e ganhar tesouros eternos.

B. Os tesouros reais são ajuntados no céu pelos que confiam em Jesus.

C. Que tipo de rico é você?

DEUS QUER FAZER ALGO

Isaías 41:10

I. Introdução

A. Um texto que antevê nossas necessidades:

1. Encontra-nos na ansiedade e traz segurança.
2. Conduz-nos do medo para a fé.

B. O que Deus quer fazer por seus filhos:

1. Se você é um cristão, Deus quer que você seja abençoado.
2. Ele deseja permutar a paz dele pelo teu sofrimento.

II. Corpo do Sermão

A. Deus quer trocar a comunhão dele pelos teus temores.

1. "Não temas, porque eu sou contigo".
2. O medo surpreende-nos a todos.
3. Os quatro medos básicos:
   a. Medo da morte.
   b. Medo de falhar.
   c. Medo de perder a segurança.
   d. Medo do futuro.
4. Deus responde a todos esses medos:
   a. Morte: "o morrer é lucro" (Filip. 1:21).
   b. Falha: "Posso fazer tudo" (4:13).
   c. Segurança: "Meu Deus suprirá todas necessidades" (4:19).
   d. Futuro: "Eis, estou convosco sempre" (Mat. 28:20).
5. Nosso Senhor nunca deixará, nem abandonará (Hbr. 13:5-6).

B. Deus quer trocar o conforto dele por nossa confusão.

1. "Não desmaies, porque sou o teu Deus".
2. Desmaio: "Por que isso aconteceu a mim?".
3. Confusão: não posso entender por que Deus permite provações.
4. Deus lida conosco como sua propriedade, mesmo nos tempos difíceis.
5. Seja o que for, pertencemos a Ele.

C. Deus quer trocar sua força por nossa fraqueza.

1. "Eu te fortalecerei".
2. Há tantas razões para sentir-se fraco:
   a. Enfermidade.
   b. Arrependimento sobre falhas passadas.
   c. Conflito com o tentador.
3. Considere o poder de Deus (Is. 40:28-31).
   a. Deus nunca se cansa, nunca desfalece.
   b. Ele dá força ao cansado.
   c. Concede força aos que ama.

D. Deus quer trocar sua ajuda por nossa impotência.

1. "Eu te sustento".
2. Às vezes tudo o que podemos fazer é clamar por ajuda.
3. Estenda a mão para Jesus. A dele está estendida para você.

E. Deus quer trocar sua justiça por teus farrapos.

1. Nossa justiça é comparada a trapos de imundícia (Is. 64:6).
2. Jesus tornou-se justiça disponível através da fé.
   a. Ele levou nossos pecados sobre si.
   b. Recebemos sua justiça pela fé (II Cor. 5:21).
3. "A destra da minha justiça".
   a. Cristo é o Filho à destra de Deus (At. 7:55; Hbr. 10:12).
   b. Ali Ele intercede por nós (Hbr. 7:25; I João 2:1).

III. Conclusão

A. Venha e troque teus problemas pelas soluções de Deus.

B. Cristo é suficiente para todas tuas necessidades.

PREPARANDO-SE PARA MORRER

II Reis 20:1-7

I. Introdução

A. Morte: um assunto que evitamos.

1. O seguro para morte é chamado seguro de vida.
2. Os cemitérios tornam-se jardins memoriais.
3. Poucos sermões são pregados sobre preparação para morrer.

B. O rei a quem foi dito que se preparasse para morrer (v. 1).

1. O rei Ezequias ficou doente e foi comunicado de que iria morrer.
   a. Isaías disse-lhe para colocar sua casa em ordem.
   b. Foi dito ao rei que não teria esperança de vida.
2. Lições para aprender de um rei prestes a morrer.

II. Corpo do Sermão

A. A morte vem a todos (V.1).

1. "Está ordenado aos homens morrer um só vez" (Hbr. 9:27).
   a. Adão nunca nasceu, mas morreu.
   b. Matusalém viveu 969 anos, mas morreu.
   c. Sansão foi o homem mais forte, mas morreu.
   d. Salomão foi mais sábio que todos, mas morreu.
2. A morte é o resultado do pecado (Rom. 5:12-14).
3. Jesus veio morrer para pagar por nossos pecados.
   a. Embora imaculado, Ele pagou a penalidade máxima pelo pecado.
   b. Ele morreu como o substituto pelos pecadores (Is. 53:5-6).
   c. Sua ressurreição prova sua vitória sobre a morte.
4. A fé em Cristo assegura vida eterna (I João 5:13).

B. Não estamos preparados para viver até estarmos preparados para morrer (v. 1).

1. "Coloque tua casa em ordem".
2. Devemos nos preparar para morrer.
3. Devemos colocar em ordem nossos afazeres comerciais.
   a. Os membros da família devem ser protegidos.

b. Nossos queridos devem ser deixados sem dívidas.
c. Essas coisas trazem paz de espírito para nós agora e para eles posteriormente.

4. Devemos também colocar em ordem nossos assuntos espirituais.
   a. Podemos nos preparar para encontrarmos com Deus (Amós 4:12).
   b. Preparamo-nos, nascendo de novo (João 3:3-5).
5. A fé em Cristo prepara-nos tanto para a vida como para a morte.
   a. Jesus faz nossa vida ter sentido (João 10:10).
   b. Jesus retirou o aguilhão da morte (I Cor. 15:55-57).
   c. Então, a vida tem um propósito e a morte é lucro (Filip. 1:21-23).

C. O tempo da morte é determinado pelo Senhor (v. 2-7).

1. Ezequias foi declarado em estado terminal.
2. Uma oração mudou a data da morte do rei.
   a. Ele já tinha aprendido o valor da oração (19:14-19).
   b. Deus o libertou do exército de Senaqueribe.
   c. Agora, ele ora para que Deus lhe dê anos de vida (v. 2-3).
3. A resposta extraordinária de Deus à oração de Ezequias:
   a. "Ouvi a tua oração".
   b. "Vi as tuas lágrimas".
   c. "Eu te sararei".
   d. "Acrescentarei aos teus dias quinze anos".

III. Conclusão

A. A tua casa está em ordem?

B. Você está preparado para a vida ou morte?

C. Você recebeu notícias más?

D. Ore e creia: com Deus todas as coisas são possíveis.

ENCONTRO COM JAIRO – GRANDE PAI

Dia dos pais *Lucas 8:40-56*

I. Introdução

A. *Homens que o mundo considera como grandes.*
   1. Reis que pacificaram ou conquistaram territórios.
   2. Generais que foram grandes líderes na batalha.
   3. Atletas que emocionaram seus expectadores.

B. *O ponto de vista de Deus.*
   1. Homens que vieram a Cristo pela fé.
   2. Maridos que foram fiéis a suas esposas.
   3. Pais que foram exemplos para seus filhos.

C. *Porque Jairo deve ser considerado como um grande pai.*

II. Corpo do Sermão

A. *Jairo fez a maior coisa que um pai pode fazer (v. 41).*
   1. Ele veio a Jesus.
   2. Quem era Jairo?
      a. Um líder na sinagoga.
      b. Um líder entre seu povo.
   3. Como Jairo veio:
      a. Ele veio humildemente: caiu aos pés de Jesus.
      b. Veio com um coração aflito.
   4. O que levou Jairo a Jesus
      a. Um transtorno no seu lar.
      b. Um problema que não pôde resolver.
      c. A necessidade do toque de Deus sobre um querido seu.
   5. A maior coisa que alguém pode fazer é vir a Jesus.

B. *Jairo demonstrou o maior exemplo de um amor de pai (v. 42).*
   1. Ele veio para contar a Jesus acerca de sua filha.
   2. Os filhos mais privilegiados do mundo.
      a. São aqueles cujos pais oram por eles.
      b. São aqueles cujos nomes estão sempre diante do trono da graça.

3. Os filhos mais desprotegidos:
a. Aqueles que crescem em lares ímpios.
b. Aqueles cujos pais não oram por eles.
4. Podemos orar por nossos filhos e esperar respostas.
5. Exemplos bíblicos de pais intercessores: Noé, Abraão, Jó, Josué.

C. Jairo enfrentou o maior teste de um pai de fé (v. 49-56).

1. Enquanto ele espera notícias de bem-estar da filha.
2. Quando as notícias que lhe chegam são más: sua filha estava morta.
3. Encorajamento de Jesus nesse desenrolar sombrio:
   a. "Não temas: crê somente e será salva"
   b. Nada toma Jesus de surpresa.
4. Jesus preparou Jairo para esse momento:
   a. A cura da mulher durante o caminho (v. 41-48).
   b. Andando com Jesus encontramos edificadores da fé.

III. Conclusão

A. A filha desse grande pai foi curada (v. 51-56).

1. Curada pelo grande Salvador.
2. Nada está fora do alcance do seu poder.

B. Não temas, crê somente, e veja o que Jesus faz por você.

AGRADANDO A DEUS

Hebreus 11:6

I. Introdução

A. Que desejo excelente: agradar a Deus!

1. O desejo dos heróis da fé.
2. Esse também deve ser nosso desejo.

B. Se você deseja agradar a Deus, está no propósito correto.

C. Um estudo sobre agradando a Deus.

II. Corpo do Sermão

A impossibilidade de agradar a Deus sem fé.

1. "Ora, sem fé é impossível agradar a Deus".
2. Pontos básicos acerca de agradar a Deus, proibidos sem fé:
   a. A salvação é pela fé (Ef. 2:8-9; Rom. 5:1).
   b. A oração é respondida mediante a fé (Tg. 1:6-8).
3. A atividade religiosa nem sempre agrada a Deus.
   a. Cerimônias religiosas sem fé não agradam a Deus.
   b. Ofertas sem fé não agradam a Deus.
4. Esse verso prova dois grandes fatos:
   a. É possível agradar a Deus.
   b. A fé está disponível para todos (João 3:16).
5. O que é fé?
   a. É a substância das coisas esperadas (11:1).
   b. É a evidência das coisas invisíveis (11:1).
   c. É crer em Deus e aceitar seu convite.

B. Os ingredientes da fé que agradam a Deus.

1. Devemos crer que Deus existe.
   a. Uma coisa é orar, outra é crer que Deus ouve.
   b. Uma coisa é cultuar, outra é crer que o culto é aceito.
2. Devemos crer que Deus recompensa aqueles que o buscam diligentemente.
3. A fé que agrada a Deus é mais do que mera confissão (Tg. 2:14).
4. A fé genuína transforma vidas (II Cor. 5:17).

5. Observe como as vidas destas pessoas de fé foram transformadas.
    a. A fé ocasionou Abel cultuar a Deus.
    b. A fé levou Enoque andar com Deus.
    c. A fé motivou Noé a trabalhar para Deus.

C. O convite da fé que agrada a Deus.

1. "Aquele que se aproxima de Deus deve crer que Ele existe".
2. Um convite no meio do verso.
3. Deus convida-nos continuamente à fé em Cristo.
4. Esse convite lembra-nos João 6:37:
    a. Um convite para vir a Jesus.
    b. Segurança de que Ele recebe a todos que a Ele vêm.

III. Conclusão

A. Aqui está um convite para a vida eterna.

1. Um convite à parte das obras.
2. Um convite à parte de cerimônia religiosa.
3. Um convite para vir a Jesus como você está.

B. Venha pela fé e Deus se agradará em te aceitar.

C. Nosso Senhor amorável a ninguém rejeitará.

LAR DOCE LAR

Lucas 8:39

I. Introdução

A. A triste história de um homem possesso por um demônio.

1. Um homem que vivia em um cemitério.
2. Um homem que era autodestrutivo (Mc. 5:1-5).
3. Um homem que era descontrolado (Mc. 5:1-5).

B. Jesus demonstrou seu poder sobre Satanás.

1. O homem foi liberto dos seus atormentadores.
2. Ele ficou calmo e vestido, e em seu perfeito juízo.
3. O Senhor o enviou para casa a fim de mostrar o que tinha acontecido a ele.

C. Porque Jesus enviou o homem liberto para casa.

II. Corpo do Sermão

A. O lar é a primeira fronteira da fé cristã.

1. Noé ganhou sua família para o Senhor (Gen. 6:18).
2. Josué: "Eu e a minha casa" (24:15).
3. Cornélio reuniu sua casa para ouvir Pedro (At. 10:24).
4. O carcereiro de Filipos e sua família creram (At. 16:34).
5. Nossa família deve ser a primeira a saber que nossa fé é genuína.
   a. É mais difícil ser semelhante a Cristo em casa.
   b. Em casa nosso testemunho resiste ou rui.
6. Quão positivo é teu testemunho em casa?

B. O lar é o lugar para testemunhar das coisas boas de Deus.

1. "E conta tudo quanto Deus te fez".
2. Você enfatiza as tuas bênçãos em casa?
   a. Teus queridos consideram-te como um cristão genuíno?
   b. Você é conhecido em casa pela fé e por procurar faltas?
3. Você aparenta ser um santo na igreja e irritado em casa?
4. Você é um "santinho" na igreja e murmurador em casa?
5. Você é afável na igreja e mal-humorado em casa?
6. Teu lar é local de louvor ou de murmuração?

7. Você rejubila na bondade de Deus em casa?

C. O lar é o posto avançado para avançar com o evangelho de Cristo.

1. Este homem começou em casa e espalhou a Palavra de Deus.
2. Ele compartilhou seu testemunho por toda a cidade.
3. Os lares cristãos deveriam ser faróis.
    a. As comunidades deveriam saber onde os cristãos moram.
    b. As vizinhanças devem ser evangelizadas.
    c. Famílias inteiras devem ser trazidas a Cristo.
    d. Alcançando o mundo por alcançar uma comunidade de uma vez.

III. Conclusão

A. Quando Jesus voltou multidões o aguardavam (v. 40).
B. Um só homem tinha sido fiel em casa e muitos creram.
C. Tornemos nossos lares pontos missionários.
D. Obedeça ao chamado de Cristo para um viver cristão em casa.

JESUS DE NAZARÉ ESTÁ PASSANDO

Lucas 18:31-43

I. Introdução

A. Jesus conta a seus discípulos que eles deviam ir a Jerusalém. (v. 31-34).

1. Essa jornada levará para a cruz.
2. As profecias referentes a Ele serão cumpridas.
3. Ele tinha concentrado toda sua vida na direção da cruz.

B. Aproximando-se de Jericó encontraram um cego pedinte.

1. Não foi um encontro ao acaso.
2. Alcançando mais uma alma no caminho ao Calvário.

II. Corpo do Sermão

A. A condição do homem cego (v. 35).

1. Problemas que enfrentou:
   a. Não podia ver a luz.
   b. Tropeçava frequentemente ao longo do seu caminho.
   c. Tinha de ser guiado por outros.
   d. Vivia das esmolas do mundo.
2. Caracteriza a cegueira espiritual de todas as pessoas perdidas.
   a. Jesus chamou os fariseus de cegos (Mat. 15:14).
   b. Aqueles que os seguiam também eram cegos (15:14).
   c. Até à conversão todos são cegos espiritualmente (I Cor. 2:14).
   d. Satanás cega as pessoas ao evangelho (II Cor. 4:4).

B. A curiosidade do homem cego (v. 36-37).

1. "Perguntou que era aquilo".
2. O barulho da multidão era diferente.
3. Percebeu que algo especial estava ocorrendo.
4. Foi informado de que Jesus de Nazaré estava passando.
5. Pode ser que você esteja aqui sem curiosidade.
   a. Talvez esteja admirado acerca desta igreja.
   b. Sente algo diferente neste lugar.
6. Jesus de Nazaré está aqui; Ele faz a diferença.

C. O clamor do homem cego (v. 38-39).

1. "Jesus, filho Filho de Davi, tem compaixão de mim!"
2. Ele reconheceu a Jesus como o prometido Filho de Davi
3. Ele reconheceu Jesus como fonte de misericórdia.
4. Ele recusou ser coagido por outros.
5. Ele continuou clamando até que a resposta veio.

D. A conversão do homem cego (v. 40-43).

1. Jesus convidou-o a se aproximar.
    a. Ele convida a todos virem a Ele.
    b. Ele instruiu os outros a fazer sua parte.
    c. Devemos estar trazendo pessoas a Jesus.
2. "Que queres que te faça?".
3. A resposta do homem cego à pergunta do Senhor.
    a. Ele chamou Jesus de "Senhor".
    b. Ele creu que Jesus podia restaurar sua vista.
4. "Vê, a tua fé te salvou".
    a. A fé trouxe visão ao homem cego.
    b. A fé salvou-o e trouxe-lhe vida eterna.

III. Conclusão

A. Jesus de Nazaré está passando.

B. O que você quer que Ele te faça?

C. A fé trará sua misericórdia e salvação para você.

JULHO

A ESCRITA NA PAREDE

Dia da Independência *Daniel 5*

I. Introdução

A. Grandes textos para celebrar a liberdade.

1. "Proclamareis a liberdade na terra a todos" (Lev. 25:10).
2. "Proclamar liberdade aos cativos" (Is. 61:1).
3. "E a verdade vos libertará" (João 8:32).

B. Mas consideraremos um texto severo para um tempo desafiador (Dan. 5).

1. Israel estava cativo na Babilônia.
2. Belsazar, o rei da Babilônia, está celebrando.
3. A poderosa Babilônia está prestes a ser julgada.

C. O julgamento da Babilônia.

II. Corpo do Sermão

A. A festa da embriaguez (v. 1).

1. Belsazar e seus amigos fizeram uma farra.
2. Eles celebravam, mas, naquela noite, Babilônia ruirá.
3. Quem adivinharia isso?
   a. A poderosa Babilônia e seu resplendor.
   b. Uma cidade de casas bonitas e defesas grandes.
4. Belsazar e os amigos sentiam-se seguros em sua festa pecaminosa.
   a. Mas ninguém está salvo no pecado.
   b. O pecado é a maior ameaça à liberdade.
   c. Não podemos continuar em nosso caminho presente e sobreviver.

B. Os vasos dedicados (v. 2-4).

1. A bebedeira conduz a ações loucas.
   a. O uso de bebidas alcoólicas é nosso maior problema das drogas.
   b. O uso de bebidas alcoólicas mata até 25 vezes, tanto quanto todas as drogas ilegais.

c. O uso do álcool é a maior causa de crimes nos EE.UU.
2. Belsazar manda buscar os vasos sagrados:
a. Roubados do templo de Jerusalém.
b. Vasos consagrados para a glória de Deus.
c. Tinham sido apresentados e dedicados ao Senhor.
3. Muitos dos fundadores da nossa nação eram pessoas de fé.
a. Eles estabeleceram um novo modelo para as nações: o caminho da liberdade.
b. Eles esperaram que esta nação trouxesse glória a Deus.
4. No presente momento muitas coisas estão fora de controle.
a. Aborto, alcoolismo, AIDS, para citar uns poucos.
b. O crime acelera-se fazendo cada vez mais vítimas.
c. A violência impera no lazer e na vida.
d. Milhões não têm tempo para Deus.
5. Precisamos de um avivamento para desviar os EEE.UU. da ruína e juízo.

C. Aviso divino (v. 5-31).
1. A noite de festa tornou-se noite de medo.
2. A noite de triunfo tornou-se noite de terror.
3. Há um ponto no qual o pecado é julgado.
4. A escrita na parede: *Mene, Mene, Tekel, Ufarsim.*
a. Daniel foi chamado para interpretar a escrita.
b. Belsazar tinha sido pesado e achado em falta.
c. Naquela noite o reino ruirá.

III. Conclusão

A. A escrita está na parede para a América.
1. Devemos enfrentar nossos pecados.
2. Devemos voltar para Deus enquanto temos tempo.

B. Você está desejando que o avivamento necessário para a América comece em você?

"NADA"

Filip.2:3;4:6;Luc.1:37;Apoc.3:17

I. Introdução

A. Cada sermão tem um tema

1. Um pregador tem a dizer algo.
2. Mas hoje pregarei sobre "nada".

B. Quatro importantes "nada" na Bíblia.

II. Corpo do Sermão

A. O nada da atividade no serviço cristão (Filip. 2:3).

1. "Nada façais por contenda ou por vanglória".
2. O problema de rivalidade entre cristãos.
3. A rivalidade impede a obra de Cristo.
    a. Rivalidade em Corinto (I Cor.3:1-4).
    b. A rivalidade mantém más companhias (Gal. 5:20).
    c. A rivalidade é terrena, animal, diabólica (Tg. 3:14-18).
4. Como vencer a rivalidade (Filip. 2:5-8).
    a. A humildade vence a rivalidade.
    b. Jesus é nosso exemplo de humildade.

B. O nada de ansiedade na vida diária (Filip. 4:6).

1. "Não andeis ansiosos por coisa alguma".
2. Frequentemente obedecemos somente a "Sede ansiosos".
3. Consequências da ansiedade:
    a. Destrói a saúde.
    b. Destrói lares.
    c. Destrói sonhos e talentos.
4. A ansiedade não nos ajuda a enfrentar o futuro.
5. A ansiedade apenas esgota a força de hoje.
6. A fé em Cristo vence a ansiedade.

C. O nada do poder do Todo-Poderoso. (Luc. 1:37).

1. "Porque para Deus nada será impossível".
2. Considere o desafio para a fé de Maria.
    a. Ela dará à luz a Jesus.
    b. Isso acontecerá sem a participação de um homem.

3. Cada obstáculo que enfrentamos é mixado com esse "nada".
4. A fé cresce pela aceitação desse "nada".
5. Jeremias aceitou esse "nada" (Jer. 32:27).
6. Aceitando o "nada" de Gabriel nossas dúvidas fugirão.

D. O "nada" do cristianismo apático (Apoc. 3:17).

1.Laodiceia: a igreja morna dos últimos dias.
   a. Centralizando em posses materiais.
   b. Rica em dinheiro, edifícios, investimentos.
   c. "Rico sou...e de nada tenho falta".
2. A igreja morna nada realiza.
3. As almas ao redor dessa igreja permanecem perdidas.
   a. Você está passando por desafios religiosos?
   b. 'Não vos comove a todos vós que passais pelo caminho?" (Lam. 1:12).
4. Como responderemos a Deus por nossa apatia?
5. Vance Havner: "Não temos o direito de viver vidas ordinárias em tais tempos extraordinários".

III. Conclusão

A. Respostas aos "nada" da Bíblia.

1. Abandonemos a rivalidade e paremos de preocupar-nos.
2. Confiemos em Deus e vençamos a apatia.

B. Que nada afaste-nos do compromisso completo com Jesus.

FARAÓ: O HOMEM EM REBELIÃO

Série :Da escravidão ao Sinai *Êxodo 5:1-15*

I. Introdução

A. Êxodo: que livro!

1. Um livro acerca da misericórdia de Deus: libertando escravos.
2. Um livro acerca do homem de Deus: Moisés, o libertador.
3. Um livro acerca do poder de Deus: milagres de libertação.

B. Moisés e Arão diante de Faraó.

1. O povo aceitou Moisés.
2. Ele e Arão foram de Gósen a Mênfis para encontrar Faraó.
3. Considere a fé que esse encontro exigiu.

C. Deixa ir o meu povo (v. 1).

II. Corpo do Sermão

A. Faraó rebela-se contra o plano de Deus (v. 2).

1. "Quem é o Senhor para que devesse obedecer sua voz?".
2. Deus falou e revelou seu plano.
   a. O seu plano naquele tempo era libertar Israel da escravidão.
   b. Seu plano agora é libertar-nos do pecado.
3. A rebelião de Faraó é semelhante a do homem através dos séculos.
   a. Adão e Eva no Jardim do Éden.
   b. A rebelião de Israel no deserto.
   c. A rejeição de Cristo pelos pecadores.
4. Deus tem um plano para cada um de nós.
   a. Seu plano inclui nossa salvação (At. 16:31).
   b. Seu plano inclui obediência à sua Palavra (I Sam. 15:22).
   c. Seu plano inclui sua vontade para nossas vidas (Col. 1:9).
5. Não rebele-se contra o plano de Deus.

B. Faraó rebela-se contra a pessoa de Deus (v. 2).

1. "Não conheço o Senhor".
2. Faraó confirma a condição de sua alma.
3. Como é triste não conhecer a Deus.

a. É como conhecer agricultura, mas não aquele que formou a terra.
b. É como conhecer astronomia, mas não aquele que fez as estrelas.
c. É como conhecer música, mas não aquele que inspira a canção.
d. É como conhecer arte, mas não aquele que criou a beleza.
e. É como conhecer política, mas não o Rei dos reis.
4. Podemos conhecer o Senhor pela fé em Cristo.
5. Você o conhece?

C. *Faraó rebela-se contra o povo de Deus (v. 2-15).*
1. "Nem tampouco deixarei Israel ir".
2. Faraó fica zangado quando as cargas de Israel são aliviadas (v. 4-5).
3. As cargas de Israel aumentam outra vez.
a. A palha deverá ser colhida (v. 7-13).
b. Maior trabalho será exigido (v. 9-14).
4. Aqueles que amam a Deus devem também amar seu povo.

III. Conclusão

A. *A rebelião sempre traz arrependimento.*
B. *A submissão a Deus e à sua vontade traz satisfação e alegria.*
C. *Permita Deus comandar tua vida.*

ESPERANDO EM DEUS

Série da Escravidão ao Sinai *Ex.5:4-6:23*

I. Introdução

A. Moisés e Arão diante de Faraó.

1. A longa espera termina; o dia chega.
2. Esse é o momento para o qual Moisés nasceu.
3. Ele chegou ao reino para tal tempo (Ester 4:14).

B. Reação negativa de Faraó.

1. Rebelado contra o plano de Deus.
2. Rebelado contra a pessoa de Deus.
3. Rebelado contra o povo de Deus.

C. Moisés e seu povo aprendem a esperar em Deus.

II. Corpo do Sermão

A. Os deveres diários continuam enquanto esperam em Deus (v. 4-5).

1. O povo esperava libertação imediata.
   a. Eles pararam de trabalhar tão arduamente quanto antes.
   b. Por que deveriam trabalhar estando perto o livramento?
2. Como é difícil continuar no ritmo enquanto esperamos!
3. O erro de alguns que fixam datas para o retorno de Cristo.
   a. Alguns suspenderam as atividades e esperaram.
   b. Alguns gastaram desregradamente e esperaram.
4. Deus chama-nos para sermos fiéis às tarefas diárias enquanto esperamos.

B. As dificuldades podem aumentar enquanto esperamos em Deus (v. 6-19).

1. Não mais palha para os tijolos (v. 7-8).
2. Mais trabalho é dado aos israelitas (v. 9).
3. Juntando restolho (v. 12).
4. A produção de tijolos devia atingir a meta (v. 13).
5. Havia punição pela não produção (v. 14).
6. Nossas aflições podem também aumentar durante os tempos de espera.
7. Enquanto esperamos, lembremos que Deus é fiel.

C. Alguns podem tornar-se impacientes enquanto esperam em Deus (v. 20-23).

1. Nossa espera pode envolver outros.
2. A queixa dos oficiais (v. 20).
3. Não devemos desacreditar a fé dos outros.
4. Enquanto esperamos, devemos ser edificadores da fé.
5. Observe o efeito dos queixosos sobre Moisés (v. 22-23).
6. Devemos encorajar outros a serem pacientes e confiar em Deus.

D. Demoras não significa que Deus falhará em sair-se bem (6:1-2).

1. O povo duvidou e Moisés queixou-se.
2. As promessas de Deus eram imutáveis.
3. A libertação estava à frente.
4. A promessa junto à sarça ardente seria cumprida.
5. Nunca deixe de comunicar o que Deus revelou.

III. Conclusão

A. Promessas de Deus para aqueles que esperam.

1. Força (Salmo 27:14; Is. 40:31).
2. Exaltação (Salmo 37:7, 34).
3. Respostas a oração (Salmo 62:5).
4. Bênçãos (Is. 30:18).

B. Sejamos fiéis enquanto esperamos.

C. Esperemos Deus sair-se bem no seu tempo.

NOTÍCIAS BOAS PARA O POVO OPRIMIDO

Série Da Escravidão ao Sinai *Êxodo 6:1-8*

I. Introdução

A. Deus manda Moisés a Faraó.

1. Faraó recusa deixar o povo ir.
2. Deus renova seu pedido de libertação.

B. Deus se preocupa quando estamos aflitos.

II. Corpo do Sermão

A. Deus se preocupa acerca dos nossos fardos (v. 6).

1. "Eu vos tirarei de debaixo das cargas dos egípcios".
   a. Uma promessa para tempos de sofrimento.
   b. Deus conhece nossas dores.
2. O trabalho extra causado por esse pedido de liberdade.
   a. Fazer tijolos sem palha.
   b. Colher restolho e manter a produção.
   c. Açoites dos encarregados.
3. Tuas cargas são importantes para Deus.
   a. Mencione teus fardos diante do trono de Deus.
   b. Ele dá graça para ajudar-nos em tempo de necessidade (Hbr. 4:16).

B. Deus se importa acerca de nosso cativeiro (v. 6).

1. "Livrar-vos-ei da sua servidão".
2. Diferenças entre cargas e escravidão.
   a. Cargas são interesses, cuidados, problemas.
   b. Escravidão é o controle por uma pessoa ou substância.
3. O que te controla?
   a. O álcool ou outra droga?
   b. Um temperamento que te aflige?
   c. Temores que limitam tua utilidade?

C. Deus se importa acerca de nossa liberdade (v. 6).

1. "E vos resgatarei".
2. O cordeiro da Páscoa os libertaria.
3. Temos sido redimidos pelo sangue de Jesus (I Pe. 1:18-20).

4. Nosso Senhor veio para libertar-nos.
    a. Libertados pelas Escrituras (João 8:32).
    b. Libertados pelo Salvador (8:36).
    c. Libertados pelo Espírito Santo (II Cor. 3:17).

D. Deus se importa com nossa comunhão (v. 7).

1. "E vos tomarei por meu povo".
    a. Deus manteria comunhão com eles.
    b. Ele será seu Deus.
2. Ele lhes daria segurança de sua presença.
3. Ele os guiaria noite e dia (a nuvem e o fogo).
4. Ele lhes providenciaria todas suas necessidades.

E. Deus se importa acerca do nosso futuro (v. 8).

1. "E vos introduzirei na terra".
2. Deus cumpriria suas promessas.
    a. As promessas feitas a Abraão, Isaque e Jacó.
    b. Sua herança estava garantida, assim como a nossa (I Pe. 1:4).

III. Conclusão

A. Permita Deus aliviar esses fardos.

B. Venha a Cristo pela fé e fique liberto.

AS PRAGAS COMEÇAM

Série Da Escravidão ao Sinai *Êxodo 7*

I. Introdução

A. De volta a Faraó.

1. Moisés sentiu-se como que desistindo.
   a. Seu primeiro encontro com Faraó trouxe opressão.
   b. Os escravos foram punidos por causa do pedido dele.
2. Deus encoraja-o; então ele e Arão retornam (cap. 6).

B. As pragas profetizadas e seus propósitos (v. 1-5).

1. Que os juízos de Deus pudessem cair sobre o Egito.
2. Que Deus pudesse libertar seu povo.
3. Que os egípcios pudessem conhecer o Senhor.

II. Corpo do Sermão

A. Os egípcios começam colher por sua opressão (v. 4).

1. "...para que possa por minha mão sobre o Egito".
2. Os egípcios estavam em débito para com os israelitas (Gen. 41).
   a. A interpretação do sonho de Faraó por José.
   b. José predisse anos de fartura e anos de fome.
   c. O sábio conselho de José poupou o Egito de grande sofrimento.
3. A família de José desceu ao Egito por causa da grande fome.
   a. Eles se multiplicaram e nenhum prejuízo trouxeram para o Egito.
   b. Prosperaram em Gósen, acrescentado a economia do Egito.
4. Os egípcios tornaram os israelitas escravos (Ex. 1:8-14).
   a. Os encarregados afligiram o povo de Deus.
   b. Suas vidas tornaram-se mais amargas por causa da escravidão.
5. Agora Deus invocaria a lei do semear e ceifar (Gal. 6:7).
   a. O Egito começaria a pagar por essa opressão.
   b. Não podemos pecar continuamente.

B. O Senhor começa libertar seu povo dos opressores (v. 4).

1. "... E tirarei.... meu povo.....do Egito".
2. A chamada de Deus a Moisés na sarça ardente (Ex. 3).
   a. Moisés deveria ir a Faraó e pedir a libertação de Israel.
   b. Deus iria com ele e o capacitaria para a tarefa.
3. Agora Faraó recusa deixar o povo ir.
4. Deus anuncia a primeira praga (v. 14-18).
   a. O rio se tornará em sangue.
   b. Os peixes morrerão e a água não será potável.
5. A profecia é cumprida (v. 19-25).
6. Os eventos que culminaram na libertação se Israel começaram.

C. Os egípcios começam a entender que estão lidando com Deus (v. 5).

1. "E os egípcios saberão que eu sou o Senhor".
2. Quando isso acontecerá.
   a. Quando o poder de Deus for demonstrado entre eles.
   b. Quando Israel sair do Egito.
3. Haveria dias difíceis pela frente para Israel e para o Egito.

D. As pragas iriam manter Faraó irado.

1. Finalmente, as pragas resultariam na libertação de Israel.

E. Finalmente Faraó diria: "Ide, servi ao Senhor" (12:31).

III. Conclusão

A. Deus está sempre operando a favor do seu povo (Rom. 8:28).

B. Deus providencia uma saída para o seu povo ser livre.

C. Deus merece nossa confiança e compromisso.

FARAÓ E AS RÃS

Série: Da Escravidão ao Sinai *Êxodo 8:1-15*

I. Introdução

A. O pedido persistente de Moisés junto a Faraó.

1. Ele tinha uma mensagem da parte de Deus.
2. Ele permaneceu fielmente proclamando-a.
3. "Deixa ir o meu povo para que me sirva".

B. Faraó rejeita a ordem de Deus novamente.

C. A praga das rãs (v. 2-6).

1. Faraó ignora o aviso de Moisés.
2. Arão estende seu bastão e a praga começa.
   a. Havia rãs em todo o lugar no Egito.
   b. Simboliza o pecado e seus resultados em cada área da vida.
   c. Há lições nesse encontro com as rãs.

II. Corpo do Sermão

A. O poder doa magos (v. 7).

1. Os egípcios cultuavam as rãs.
   a. Havia uma deusa rã.
   b. Rãs embalsamadas eram colocadas nos túmulos.
2. Os magos de Faraó foram chamados para retirar as rãs.
   a. Mas eles puderam apenas trazer mais rãs.
   b. Semelhantes aos especialistas de hoje tentando resolver os problemas atuais.
3. As pessoas podem fazer muitas coisas.
   a. Construir edifícios bonitos.
   b. Dividir o átomo e viajar pelo espaço.
   c. Descobrir remédios milagrosos para curar doenças.
4. Contudo, nossos problemas mais perplexos permanecem.
5. Sempre aprendendo, mas não atingindo a verdade (II Tim. 3:7-8).

B. O adiamento de Faraó (v. 10).

1. Moisés é chamado e solicitado a orar.

a. Mesmo as pessoas ímpias conhecem quem anda e fala com Deus.
b. Faraó reconhece que somente o Senhor pode ajudar.
2. Moisés pergunta quando deveria orar.
3. A resposta mais estranha na Bíblia: "Amanhã".
a. Faraó quer mais uma noite com as rãs.
b. Ele é semelhante a todos que retardam a vinda a Cristo.
c. Hoje é o dia da salvação (II Cor. 6:2).
4. Acerte-se hoje com Deus.

C. A oração de Moisés (v. 12-13).
1. Moisés clama ao Senhor.
2. Ele foi específico em sua oração: "por causa das rãs".
3. Homem insignificante clama; Deus poderoso age.
4. O teu problema parece demasiado difícil para resolver?
5. Deus responde a oração: a praga cessou (v. 13).

III. Conclusão

A. Após as rãs desaparecerem, Faraó endureceu seu coração (v. 15).
1. Após vencidos seus problemas, muitos esquecem de Deus.
2. Endurecem seus corações para com o Espírito Santo.

B. Lembre como Deus foi ao teu encontro na tua crise.

C. Responda ao seu pedido terno sem demora.

O COMPROMISSO DE FARAÓ

Série: Da Escravidão ao Sinai *Êxodo 8,10*

I. Introdução

A. As pragas, finalmente, atingem Faraó.

1. As águas do Egito tornam-se em sangue (7:19-25).
2. Rãs aparecem por todo o lugar (8:1-14).
3. Piolhos (8:16-19). Os magos: "Isto é o dedo de Deus".
4. Moscas (8:22-24), exceto em Gósen.

B. Faraó oferece quatro condições.

II. Corpo do Sermão

A. Ide, mas não ide (8:25).

1. "Ide e oferecei sacrifícios a vosso Deus nesta Terra".
   a. Faraó permitirá ao povo cultuar a Deus.
   b. Ele insiste, porém, que o façam no Egito.
2. Satanás oferece a mesma condição hoje.
3. Os crentes são chamados para uma vida diferente.
   a. Jesus não era deste mundo (João17:14-17).
   b. Nós não somos deste mundo (15:18-20).
   c. Libertação deste mundo (Gal. 1:4).
4. Moisés rejeitou essa condição (8:27).

B. Ide, mas não ide muito longe (8:28).

1. "Eu vos deixarei ir".
   a. Não completamente o mesmo sentido.
   b. "Somente não ireis muito longe".
2. Faraó apenas alonga a corrente.
3. Você já ouviu isso antes.
   a. "Não adote uma resolução precipitada".
   b. "Não leve a religião tão à sério".
4. Deus apela para compromisso completo (Rom. 12:1-2).

C. Ide, mas deixai vossas famílias aqui (10:8-10).

1. Mais pragas devem acontecer antes que Faraó ofereça novas condições.
   a. Peste no gado (9:1-7).

b. Úlceras sobre os egípcios (9:8-12).
c. Granizo, exceto em Gósen (9:22-26).
2. A ameaça da praga de gafanhotos (10:4-6).
3. Tal condição é inaceitável.
a. Satanás deseja nossas famílias.
b. Nossas famílias devem servir a Deus conosco (Jos. 24:15).

D. Ide, mas deixai vossas posses (10:24-27).
1. Mais pragas para mover o coração de Faraó.
a. Gafanhotos (10:12-20).
b. Trevas, exceto em Gósen (10:21-23).
2. "Ide, ser vi ao Senhor".
a. "Fiquem os vossos rebanhos e o vosso gado".
b. "Mas vão juntamente convosco os pequeninos".
3. Tal condição foi também oferecida.
4. Satanás não quer que Deus tenha nossas posses.
5. Moisés: "nenhuma unha ficará".

III. Conclusão

A. Tais condições mantém-nos na escravidão.
B. A consagração não permite compromissos.
C. Permita que Cristo seja Senhor de toda a tua vida.

AGOSTO

O DIA DA LIBERTAÇÃO

Serie: Da Escravidão ao Sinai *Êxodo 12:1-14*

I. Introdução

A. O coração do Êxodo.

1. Moisés junto à sarça ardente vislumbrando esse dia.
2. Os encontros com Faraó culminaram nesse dia.

B. A importância do Dia da Libertação.

1. Para os judeus: A Páscoa.
2. Para os cristãos: um tipo de sacrifício no Calvário.
3. Moody: "Um dos mais importantes capítulos na Bíblia".

C. O pedido e as pragas falham: a Libertação viria pelo sangue.

II. Corpo do Sermão

A. O primeiro dos meses (v. 1-2).

1. A Libertação pelo sangue marca um novo começo.
2. Os anos no Egito nunca mais seriam contados.
3. F. B. Meyer: "Nossa vida anterior à conversão não é levada em conta por Deus".
4. Se você não está vivendo para Cristo, está perdendo teu tempo.
5. O clamor de muitos corações: "Se tão somente eu pudesse recomeçar".
6. Recomeçamos através do novo nascimento (João 3:3-16).

B. Fé no sangue do Cordeiro (v. 3-7).

1. A libertação da morte dependeu do sangue de um cordeiro.
2. A escolha de um cordeiro:
   a. Um macho de um ano.
   b. Perfeito e sem defeito (I Pe 1:18-19).
   c. Cristo o único perfeito (Hbr. 7:26).
   d. Cristo, o Cordeiro de Deus (João 1:29).
   e. O Cordeiro no céu (Apoc. 5:8;7:9-17); 19:7-10; 21:22-27).
3. A assembleia inteira o mataria; um cordeiro na visão de Deus.
4. Pincelando o sangue nos umbrais.

a. Hissopo: a mais comum das plantas, simboliza a fé simples.
b. Os dois batentes laterais simbolizam os homens e apontam para Deus.
c. O travessão de cima simboliza a cruz.
5. Isso daria segurança aos primogênitos de Israel.
6. "Vendo eu o sangue, passarei por cima de vós" (Ex. 12:13).

C. Alimentando-se do Cordeiro (v. 8-11).
1. O sangue do cordeiro para segurança.
2. A carne do cordeiro para dar força.
3. Como deveriam comer o cordeiro.
a. Assado com fogo: o julgamento da cruz.
b. Com pães ázimos: a pureza de Cristo.
c. Com ervas amargas: os sofrimentos de Cristo.
d. Com lombos cingidos: prontos para ir, para servir.
e. Com o bordão na mão: peregrinos aqui na Terra.
f. Com calçados nos pés: prontos para andar com a força de Deus.

III. Conclusão

A. Provisões na morte de Cristo para todos:
1. Perdão para nossos pecados.
2. Nossa justificação.
3. Vitória na vida diária.

B. Jesus é tudo que precisamos.

ALIMENTANDO-SE DO CORDEIRO

Série: Da Escravidão ao Sinai *Êxodo 12:8-11*

I. Introdução

A. Escravos libertados pelo sangue de um cordeiro.

1. Os primogênitos do Egito morreram nessa noite.
2. Os primogênitos de Israel poupados pelo sangue aspergido.
3. F. B. Meyer: "Eles não apenas descansaram no sangue aspergido, mas também nas promessas específicas de Deus. Todos sob o sangue foram salvos".

B. Os libertados comeriam também do cordeiro.

II. Corpo do Sermão

A. Eles comeriam do cordeiro para fortalecimento.

1. "E naquela noite comerão a carne".
2. A carne do cordeiro era para dar-lhes força.
   a. Essa seria uma noite estressante.
   b. Haveria muitas dificuldades pela frente.
   c. Precisariam força para a viagem.
3. Alimentamo-nos do Cordeiro recebendo a Palavra de Deus.
4. Cristo fortalece-nos para cada tarefa (Filip. 4:13).

B. Eles comeriam do Cordeiro para crescimento espiritual.

1. São muitas as lições relacionadas com essa refeição.
2. O cordeiro devia ser assado no fogo.
   a. Fogo refere-se ao julgamento.
   b. Todo o Egito esteve sob julgamento nessa noite.
   c. O julgamento de Israel recaiu sobre os cordeiros.
   d. Cristo nosso Cordeiro, levou nosso julgamento na cruz.
3. Comeriam pães ázimos.
   a. Fermento, na Bíblia, simboliza o mal.
   b. Todo o mal deveria ser deles retirado.
   c. Simboliza nosso Salvador imaculado.
4. A refeição incluía ervas amargas.
   a. Lembrava-lhes a amargura do cativeiro.
   b. Lembra-nos os sofrimentos de Cristo.

5. "Não comereis dele nem cru, nem cozido em água".
   a. Esse cordeiro deveria experimentar o calor do fogo: simboliza a ira de Deus.
   b. Cristo sofreu a ira de Deus por nós (II Cor. 5:21).
   c. Esta mensagem não deve ser diluída.
6. "Nada dele deixareis": um sacrifício completo.

C. Eles comeriam do cordeiro para o culto (v. 11).

1. Como deveriam comer essa refeição:
   a. Com seus lombos cingidos: prontos para irem onde o Senhor os guiaria.
   b. Com calçados nos pés: nenhuma demora quando viesse a convocação para sair.
   c. Com o bastão na mão: seriam peregrinos no caminho.
2. Devemos também obedecer nossas ordens de marcha (Mat. 28:18-20).
3. Há terras para conquistar e pessoas para alcançar.

III. Conclusão

A. Você está alimentando-se do Cordeiro?

1. Se não, ficará fraco.
2. Comece alimentando-se de Jesus.

B. Cristo será adequado mesmo para a caminhada mais difícil.

ATRAVÉS DO MAR VERMELHO

Série: Da Escravidão ao Sinai *Êxodo 14*

I. Introdução

A. Êxodo: a saída dos filhos de Israel.

1. Libertados pela mão de Deus (13:14).
2. Simboliza nossa salvação.
    a. Resgatados da escravidão do pecado.
    b. Libertados pelo sangue do Cordeiro de Deus.

B. Deus e seus guias para Israel:

1. Uma coluna de nuvem de dia.
2. Uma coluna de fogo de noite.
3. Eles caminharam pela vontade de Deus.

C. A tribulação chegou (14:5-9).

1. Faraó decidiu que não os deixaria ir.
2. Os egípcios os perseguiram com 600 carros.

II. Corpo do Sermão

A. Depressão (v. 10-12).

1. Os filhos de Israel ficaram temerosos.
    a. Eles estavam habituados a temer Faraó.
    b. Primeiro oraram, depois murmuraram.
2. O povo queixou-se a Moisés:
    a. Por que nos fizeste isto? (v. 11).
    b. É melhor sermos escravos do que aqui sepultados (v. 12).
3. Porque tornaram-se mais amargurados:
    a. Eles enfocaram-se sobre seus problemas.
    b. Esqueceram as promessas de Deus.

B. Direção (v. 13-14).

1. Moisés tinha uma mensagem tríplice da parte de Deus para eles.
    a. "Não temais" (v. 13).
        (1) Que palavras oportunas!
        (2) Deus as usa frequentemente (Gen. 15:1; Is. 41:10).
    b. "Estai quietos".

(1) O oposto do que queriam fazer.
(2) Um chamado do medo para a fé (Sal. 46:10).
c. "Vede a salvação do Senhor".
(1) Veja-a agora com a visão da fé.
(2) A fé vê o invisível (II Cor. 4:18).
2. Agora que eles crêem, estão prontos para agir.

C. Águas divididas e terra seca (15-22).

1. "Avançar" parecia uma contradição.
a. Não podemos marchar, até termos calma.
b. Confiando em Deus, podiam agora avançar (Hbr. 11:29).
2. A nuvem que os conduzia confundiu seus inimigos (v. 19-20).
3. Quando Moisés estendeu seu bordão, o vento obedeceu.
a. Um vento oriental forte dividiu as águas.
b. O povo caminhou por sobre terra seca.
4. O evangelho na libertação de Israel do Egito.
a. A Páscoa expressa a morte de Cristo.
b. O Mar Vermelho aberto expressa sua ressurreição.

III. Conclusão

A. Você sente-se capturado nalgum lugar perigoso?
B. Permaneça calmo, e pela fé veja a salvação de Deus.
C. Agora marche.

O CÂNTICO DOS REDIMIDOS

Série: Da Escravidão ao Sinai *Êxodo 15:1-21*

I. Introdução

A. Através do Mar Vermelho, seguramente.

1. O povo libertado experimenta a. proteção de Deus.
2. Atravessaram o Mar Vermelho sobre terra seca.

B. Os inimigos deles foram destruídos.

1. Os egípcios tentaram perseguir o povo de Deus.
2. Os milagres não podem ser sustentados pela força humana.
3. Os exércitos de Faraó foram afogados no mar.

C. Os filhos de Israel e seu cântico (v. 1).

II. Corpo do Sermão

A. O Senhor é minha força (2-10).

1. Memórias do cativeiro.
   a. Esse povo trabalhou longa e arduamente.
   b. A dor dos açoites; a morte de seus filhos.
   c. Ansiavam por liberdade, mas estavam demasiadamente fracos para consegui-la.
2. Então Deus interveio e por sua força libertou-os.
3. Muitos têm achado que a força de Deus é suficiente (Filip. 4:13).
   a. Lutando contra a ira, esperando que ela cesse.
   b. Lutando contra o álcool, esperando por libertação.
   c. Lutando contra ansiedades, esperando pela paz.
   d. Jesus veio e tua luta cessou (II Cor. 5:17).

B. O Senhor é meu cântico (v. 11-12).

1. "Quem é como tu?".
   a. Poderoso em santidade.
   b. Admirável em louvores.
   c. Operando maravilhas.
2. Quando Deus torna-se teu cântico.
   a. Não apenas o supremo rei, mas teu Salvador, Redentor.
   b. Não apenas alguém lá em cima, mas presente em teu coração.

c. Não apenas o governador dos planetas, mas dos teus planos.

3. Nosso Deus dá-nos um cântico.

a. O mundo precisa ouvir esse cântico.

b. Permita que as pessoas ouçam o cântico de Deus em você.

C. O Senhor tornou-se minha salvação (v. 13-19).

1. "O Senhor dirigiu o povo que remiu, na misericórdia dele".

2. Adore a Deus com cântico:

a. Por sua misericórdia.

b. Por sua liderança.

c. Por quem Ele é.

d. Por sua direção.

e. Por sua santidade.

f. Por sua salvação.

III. Conclusão

A. O Senhor reinará eterna e perpetuamente (v. 18).

1. Nossa salvação é eterna.

2. Reinaremos com Cristo para sempre.

B. Você tem uma canção no teu coração?

C. Permita que o mundo inteiro a ouça.

DA AMARGURA PARA O REFRIGÉRIO

Série: Da Escravidão ao Sinai *Êxodo 15:22-27*

I. Introdução

A. Um grupo de cantores anteriormente escravos.

1. Eles foram libertados da escravidão.
2. Seus inimigos pereceram no Mar Vermelho.
3. Devemos ter um cântico similar.

B. Avante para Canaã.

1. Moisés guia seu povo pelo deserto.
2. Nosso Senhor conhece o caminho através do deserto.
3. Grandes lições nas jornadas pelo deserto.

II. Corpo do Sermão

A. As águas amargas de Mara (v. 23).

1. Três dias no deserto sem água.
   a. As vasilhas enchidas antes de deixar o Egito esvaziaram-se.
   b. Nossos corações precisam de reabastecimento ao longo do caminho.
2. Havia água em Mara, mas era amarga.
3. Poderemos ter experiências mais amargas no deserto desta vida.
   a. Israel estava decepcionado; esperava que tudo fosse bem.
   b. Todos temos aflições na jornada (João 16:33).
4. Essa provação veio no caminho dirigido por Deus.

B. As palavras amargas contra Moisés (v. 24).

1. O povo murmurou contra Moisés.
2. As experiências mais amargas não devem tornar-nos mais amargos.
   a. Quando nos tornamos mais amargos não podemos ser abençoados.
   b. Uma pessoa amarga não pode abençoar outros.
3. Saul ficou amargo em relação a Davi.
4. O irmão do pródigo ficou amargo quando do seu retorno.
5. A Palavra de Deus para pessoas amargas:
   a. Os maridos não devem ser ásperos (Col. 3:19).

b. A amargura é terrena, animal, diabólica (Tg. 3:14-16).
c. A amargura estraga nosso testemunho (Hbr. 12:12-15).

C. Moisés e sua oração (v. 25).

1. Moisés clamou ao Senhor.
2. Ore quando outros te criticam.
3. Moisés não sabia o que fazer, então ele orou.
4. Deus promete sabedoria àqueles que pedem (Tg. 1:5).

D. Deus e sua árvore (v. 25).

1. O Senhor mostrou-lhe uma árvore.
2. Moisés lançou essa árvore nas águas.
3. Essa árvore tornou doces as águas.
   a. Essa árvore tinha ali estado durante todo o tempo.
   b. Essa árvore refere-se ao madeiro do Calvário.
   c. Lembre da cruz quando enfrentar experiências amargas.
4. A cruz ameniza os tempos amargos da vida.

III. Conclusão

A. Tua alma está sedenta?

B. Venha a Jesus e beba a água doce da vida eterna.

C. Permita que Deus transforme tua amargura em refrigério.

O SUSTENTO

Série: Da Escravidão ao Sinai *Êxodo 17:8-16*

I. Introdução

A. Após a água da rocha veio a guerra.

1. Os filhos de Israel estavam refrigerados e regozijantes.
2. A tribulação seguiu-se a esse grande triunfo.
3. Neste mundo temos tribulação (João 16:33).

B. O ataque de Amaleque.

1. Josué lidera uma força seleta na batalha.
2. Moisés, Arão e Hur supervisionam o conflito do alto de um monte.

C. O que essa batalha tem a ver com nossa igreja?

II. Corpo do Sermão

A. Estamos em uma batalha (v. 10).

1. As forças do mal estão posicionadas contra nós (Ef. 6:10-12).
2. Ideias erradas acerca do trabalho de uma igreja:
   a. Não estamos aqui apenas para pregar e ensinar.
   b. Não estamos aqui apenas para obter dinheiro.
   c. Não estamos aqui apenas para cumprir programas.
3. Estamos aqui para batalhar contra o inimigo.
   a. Assuntos eternos estão em jogo.
   b. Almas pendem na balança.
   c. Padrões de justiça estão sendo comprometidos.
   d. Princípios da decência estão desmoronando.
4. Estamos equipados para vencer essa batalha.
   a. O poder do evangelho (Rom. 1:16).
   b. O poder do Espírito Santo (I João 4:4).
   c. Armadura prepara-nos (Ef. 6:13-16).
5. A vitória definitiva é certa (I Cor. 15:57-58).

B. Podemos ficar cansados na batalha(v.11-12)

1. A arma secreta se Israel na guerra contra Amaleque.
   a. Quando Moisés levantava suas mãos Israel prevalecia.
   b. Quando Moisés abaixava suas mãos Amaleque prevalecia.

2. Os braços de Moisés ficaram pesados, permitindo uma vantagem a Amaleque.
3. Teu pastor às vezes fica cansado.
4. A fadiga está associada ao ministério.
    a. A fadiga que se segue após a pregação.
    b. A fadiga após longas horas de estudo.
    c. A fadiga que vem do conflito espiritual.
5. Cada um de nós as vezes luta contra a fadiga.
6. O que podemos fazer para superar-se nos dias de fraqueza?

C. Podemos sustentar as mãos daqueles que estão cansados (v. 12).

1. Uma pedra foi providenciada para que Moisés pudesse descansar.
2. Arão e Hur sustentaram as mãos de Moisés.
3. Como podemos sustentar as mãos cansadas.
    a. Orando um pelo outro.
    b. Recusando criticar um ao outro.
    c. Encorajando um ao outro.
    d. Cultuando fielmente um com outro.
    e. Trabalhando juntos para ganhar pessoas para Cristo.

III. Conclusão

A. Arão e Hur sustentaram as mãos de Moisés durante o longo dia.

B. Israel venceu a batalha (v. 13).

C. Levantemos as mãos cansadas e tenhamos vitória.

PÃO DO CÉU

Série: Da Escravidão ao Sinai *Êxodo 16*

I. Introdução

A. Moisés conduz a semente prometida em direção à terra prometida.

1. Esses são os descendentes de Abraão.
2. Eles estão se dirigindo para a terra a ele prometida.
3. Deus não permitirá que pereçam no deserto.
   b. Maná para pessoas murmuradoras.

II. Corpo do Sermão

A. A murmuração do povo (v. 2-3).

1. O povo ficou faminto e começou a queixar-se.
2. Quem eram essas pessoas murmuradoras?
   a. Tinham sido escravas, mas agora estavam livres.
   b. Tinham sido vencidas, mas agora vencedoras.
   c. Tiveram sede, mas agora estavam supridas de água.
3. Consequências da murmuração:
   a. Disseram coisas que não entendiam (v. 3).
   b. Exageraram os fatos (v. 3).
   c. Duvidaram de seu melhor amigo (v. 3).
4. Deus ouviu sua murmuração.
5. Sua murmuração foi realmente contra Deus (v. 8).

B. A misericórdia de Deus (v. 4).

1. "Farei chover pão do céu".
   a. Não o fogo e enxofre que mereciam.
   b. Quão gracioso e misericordioso é Nosso Senhor!
2. Sua graça e misericórdia poupa-nos cada dia.
3. Temos pecado contra Deus, mas Ele é misericordioso.
4. Somente a misericórdia do Senhor livra-nos da destruição. (Lam. 3:22-23).
5. As misericórdias do Senhor são novas cada manhã (3:22-23).
6. Deus foi misericordioso com essas pessoas murmuradoras.
7. Ele prometeu-lhes pão do céu (v. 4).

C. Maná do céu (v. 5-36).

1. A descrição do Maná (v. 14-16).
2. O Maná como um tipo de Cristo (João 6:32-33).
   a. Desceu do céu (v. 4).
   b. Veio para o deserto do pecado (v. 1).
   c. Veio como uma dádiva gratuita de Deus (v. 4).
   d. Veio como algo pequeno (v. 14; Filip. 2:5-7).
   e. Não foi reconhecido pelo que era (João 1:10-12).
   f. Era suficiente para a necessidade diária (v. 18).
   g. A pessoa colhia-o abaixando-se (v. 17).
   h. Era branco, simbolizando pureza (v. 31; II Cor. 5:21).
   i. Era doce ao paladar (v. 31).
   j. Está agora no céu (Apoc. 2:17).

III. Conclusão

A. Deus alimentou com pão e carne a multidão murmurante.

B. Cristo vem para um povo infeliz satisfazer sua fome espiritual.

C. Receba o pão do céu pela fé e viva.

QUANDO ÁGUA JORROU DE UMA ROCHA

Série: Da Escravidão ao Sinai *Êxodo 17:1-7*

I. Introdução

A. Lições para escravos libertados.

1. Deus se preocupa quando estamos em aflição.
2. Deus envia ajuda em tempos de necessidade.
3. Deus prove quando parece impossível.

B. Lições não aprendidas pelos filhos de Israel.

1. Em Mara, Deus adoçou a água amarga.
2. Quando faltou alimento, Deus deu-lhes carne e maná.
3. Em Refidim, estavam afastados da água, e desesperaram-se.
4. Esqueceram a fidelidade de Deus no passado.
5. Culparam Moisés pelo problema deles.

C. O milagre em Refidim.

II. Corpo do Sermão

A. A oração de Moisés (v. 4).

1. As pessoas iradas falaram em apedrejar Moisés.
   a. É fácil culpar outros por nossos problemas.
   b. A ira provoca o ataque mesmo a quem amamos.
2. "Que hei de fazer a este povo?"
   a. Moisés não sabia o que fazer.
   b. Moisés sabia aonde ir com esse problema.
3. Outros que foram a Deus na crise:
   a. Ezequias ameaçado por Senaqueribe (II Reis 19).
   b. Daniel ameaçado por Dario (Dan. 6).
   c. Paulo e Silas na prisão (At. 16:25-32).
4. No mais triste dia, uma saída Deus providencia.
5. Levemos a Cristo nossas crises (Hbr. 4:15-16).

B. A provisão de Deus (v. 5-6).

1. Moisés deveria levar seu povo até a rocha em Horebe.
   a. Moisés deveria levar na mão seu bordão.
   b. Moisés deveria ferir a rocha esperando água.

2. A rocha é um símbolo do Senhor.
    a. A rocha de Moisés (Deut. 32:4).
    b. A rocha de Davi (Salmo 18:1-2).
    c. A rocha de Isaías (32:1-2).
3. Uma rocha é forte e durável.
    a. O homem prudente edifica sobre a rocha (Mat. 7:24-25).
    b. A igreja está edificada sobre a rocha (Mat. 16:18).
4. A rocha ferida simboliza Cristo na cruz:
    a. Cristo ferido por nós (Is. 53:3-5)
    b. A água jorrou da rocha ferida (Salmo 105:41).
    c. Águas vivas fluem da cruz.

C. Nomes característicos (v. 7).

1. Massá: lugar de provações.
2. Meribá: lugar de contenda.
3. Você reside em Massá ou em Meribá?
4. Note Cristo ferido por você e encontre paz.

III. Conclusão

A. Água viva para almas sedentas.

B. O último convite na Bíblia é um chamado para beber (Apoc. 22:17).

C. Aceite hoje o convite de Nosso Senhor.

SETEMBRO

JETRO ENCONTRA JEOVÁ

Série: Da Escravidão ao Sinai *Êxodo 18:1-12*

I. Introdução

A. A maior aventura da vida.

1. Conhecendo a Deus de uma maneira pessoal.
2. Achando e praticando a vontade de Deus.

B. O que estava faltando na vida de Moisés: sua esposa e filhos.

C. Moisés acompanha sua família vindo para estar com ele.

1. Sua alegria ao ver sua esposa e filhos.
2. Sua responsabilidade para com Jetro, seu sogro.

II. Corpo do Sermão

A. A imagem pública de Moisés (v. 1-7).

1. Moisés tinha fugido do Egito para Mídia.
   a. Seu casamento com Zipora.
   b. Tiveram dois filhos: Gerson e Eliezer.
2. O chamado de Moisés e seu retorno ao Egito.
   a. Zipora queixou-se, então ele enviou-a para casa.
   b. Zipora ficou sabendo do sucesso de Moisés através da Palavra de Deus.
3. O público tem uma imagem de cada um de nós.
   a. O mundo está observando.
   b. Nossas famílias também.
4. O que Deus fez por Moisés porque ele foi fiel.
   a. Fê-lo um líder de seu povo.
   b. Reuniu sua família.

B. O testemunho pessoal de Moisés (v. 8).

1. Moisés contou a Jetro o que Deus fez por ele.
   a. Como Deus os libertou do Egito.
   b. Como Deus supriu de água, carne e maná.
3. Devemos contar a outros das bênçãos de Deus a nós.
   a. Nunca devemos nos cansar de testemunhar da fidelidade de Deus.

b. Devemos compartilhar as bênçãos de Deus em cada oportunidade.

4. Um pequeno testemunho equivale a um grande argumento.
5. Quando foi a última vez que você contou para alguém da fidelidade de Deus?

C. *Moisés persuade Jetro a confiar em Jeová (v. 9-12).*

1. Jetro foi movido pelo que Deus fez por Moisés.
2. Jetro disse: "Bendito seja o Senhor".
3. Jetro é convencido: "Agora sei".
4. Jetro é convertido: seu sacrifício, a evidência de fé.
5. Jetro tinha sido sacerdote de um deus falso.
6. Nunca conclua que alguém é inatingível.

III. Conclusão

A. *O círculo da tua família será contínuo?*

B. *Quais membros de tua família inda precisam de Jesus?*

C. *Nunca desista de nenhum deles.*

D. *Lembre de Jetro... e espere que eles venham a Cristo.*

O PLANO DE JETRO

Série: Da Escravidão ao Sinai *Êxodo 18:13-27*

I. Introdução

A. Encontro com Jetro: novo convertido.

1. Foi um bom dia, quando Moisés veio ao seu encontro.
2. O testemunho de Moisés trouxe seu sogro ao Senhor.

B. Quanto tempo deve esperar um novo converso para servir

1. Alguns novos conversos começam servir imediatamente.
2. Jetro fez uma contribuição precoce importante.
3. Jetro tinha um plano.

II. Corpo do Sermão

A. A necessidade do plano de Jetro (v. 13-18)

1. Jetro observou Moisés ministrando:
   a. O povo permanecia em pé na fila para receber aconselhamento.
   b. Vinha desde a manhã até à noite.
2. Jetro observou que Moisés precisava de um plano melhor:
   a. O número de pessoas que vinha era muitíssimo.
   b. Cada pessoa vinda precisava de atenção.
   c. Moisés e o povo estavam exaustos.
3. Jetro aconselhou Moisés a se organizar.
4. Uma boa organização é também necessária em uma igreja:
   a. Organizando a igreja primitiva (At. 6:1-4).
   b. Escolhendo os primeiros diáconos (At. 6:5-6).
5. Os líderes sobrecarregados são ineficazes.
6. A responsabilidade compartilhada torna o fardo mais leve.
7. A organização apropriada tem maior alcance.

B. Os integrantes do plano de Jetro (v. 21-23).

1. Homens capazes: capazes de entender e compartilhar a Palavra de Deus.
2. Homens tementes a Deus: homens de fé (Hbr. 11:6).
3. Homens verazes: falando a verdade em amor (Ef. 4:15).
4. Homens que aborreçam a avareza (I Tim. 6:10-11).

5. São as exigências para os que servem na igreja (At. 6:3,5).
    a. Homens de boa reputação.
    b. Homens cheios do Espírito Santo.
    c. Homens de sabedoria.

C. A benção do plano de Jetro em ação (v. 22-27).

1. Moisés escolheu homens capazes e fê-los trabalhar.
    a. Líderes de mil.
    b. Líderes de cem.
    c. Líderes de cinquenta.
    d. Líderes de dez.
2. Eles julgaram o povo continuamente.
3. As causas mais difíceis foram trazidas a Moisés.
4. Moisés finalmente conseguiu envolver a todos.
5. Quão envolvido está você servindo a Deus?

III. Conclusão

A. O chamado de Deus para tarefas ativas é para todos os crentes.

B. Qual a sua tarefa?

C. Você deve estar envolvido para ser abençoado.

PALAVRAS BOAS

Série: Da Escravidão ao Sinai *Êxodo 19:8*

I. Introdução

A. Chegando ao Monte Sinai

1. Um local de memórias para Moisés: sua chamada.
2. A promessa se Deus de que ele iria servi-lo ali (Ex. 3:12).

B. O desafio de Deus a seu povo (v. 3-6).

1. Lembrando-os da libertação de Deus (v. 3-4).
2. Bênçãos ligadas à obediência.
   a. "Se atentamente ouvirdes a minha voz".
   b. " "Sereis um tesouro peculiar para mim".
   c. "Um reino de sacerdotes; uma nação santa".

C. As palavras boas do povo (v. 8).

II. Corpo do Sermão

A. Essas palavras requerem submissão completa.

1. "Ao que todo o povo respondeu em uníssono, e disse: tudo".
   a. O povo respondeu em uníssono.
   b. Estavam todos de acordo.
   c. Concordaram em fazer tudo o que o Senhor lhes pediu fizessem.
2. Colocaram de lado suas diferenças.
   a. Isso sempre traz benção (Salmo 133:1-2).
   b. Lembra-nos o dia de Pentecostes (At. 2).
3. Desejando colocar de lado diferenças pessoais.
   a. Disseram que buscariam apenas a vontade de Deus.
   b. Jesus é o exemplo disso no Getsemani (Mat. 26:36-46).

B. Essas palavras requerem fé.

1. "Tudo o que o SENHOR falou".
2. Eles creram que Deus falou.
   a. Alguns duvidam que Deus falou aos homens.
   b. Alguns rejeitam a Bíblia como a revelação de Deus.
   c. Esse povo estava convicto de que Deus falou a Moisés.
3. O que diz Deus hoje a todas as pessoas:

a. Todos somos pecadores (Rom. 3:10-23).
b. O pecado traz morte(Rom. 6:23).
c. Jesus ama os pecadores e morreu por nós (Rom. 5:8).
d. Jesus ressurgiu dos mortos e convida pecadores para salvação (Rom. 10:9).
e. Os pecadores que invocam Jesus pela fé são salvos (Rom. 10:13).

4. Que vir a Jesus pela fé?

C. Essas palavras requerem ação contínua sem se desviar.

1. "Faremos".
   a. Não é suficiente dizer que cremos (Tg. 2:14).
   b. A fé sem as obras é morta (Tg. 2:20).
2. O filho pródigo levantou-se e foi ter com seu pai (Luc. 15:18-21).
3. O carcereiro de Filipos creu e foi salvo (At. 16:30-34).
4. Atue em fé sobre o que Deus disse na sua Palavra.

III. Conclusão

A. Palavras boas foram ditas mas a promessa deles foi quebrada.

1. Deus lhes falou conforme prometido (Ex. cap.20-31).
2. O povo começou adorando o bezerro de ouro de Arão (Ex. 32).
3. A quebra do pacto trouxe o castigo.

B. Alguma vez você assumiu compromissos importantes com Deus?

1. Você pronunciou palavras de fé e submissão completa?
2. Você falhou em cumpri-las?

C. Retorne ao Senhor e receba seu perdão.

D. Cumpra agora esses compromissos antigos.

O DEUS QUE ESTÁ LÁ

Deut.4:29

I. Introdução

A. O que é o Deuteronômio acima de tudo:

1. Preparação para entrar na Terra Prometida.
2. Uma geração nova de israelitas.
    a. A incredulidade ocasionou a morte da geração precedente.
    b. Duvidaram das promessas de Deus.

B. Moisés prepara seu povo para o futuro:

1. Retrospectiva das bênçãos e do castigo.
2. Reafirmação dos fundamentos da fé.
3. Preparação para os tempos difíceis à frente.

C. No tempo de aflição, Deus está disponível.

II. Corpo do Sermão

A. Deus está disponível

1. Procure o Senhor e encontre-o.
2. Que notícias apropriadas!
    a. Há esperança.
    b. As orações são respondidas, de fato.
    c. Deus é vivo.
3. Essa é a melhor notícia de todas:
    a. Melhor do que a notícia da cura de um câncer.
    b. Melhor do que o fim para a violência e o crime.
    c. Melhor do que a aquisição de um grande tesouro.
4. Essa notícia indica algo acerca de Deus:
    a. Ele não é somente o Criador; Ele se importa.
    b. Não é somente o Senhor; Ele nos ama.
    c. Não é somente o supremo; Ele se simpatiza conosco.

B. Deus está disponível aos pecadores e apóstatas.

1. Esse texto descreve o caráter de Deus:
    a. Um texto profético; eles apostatariam.
    b. Alguns se tornariam idólatras.
2. Como Jesus demonstrou sua disponibilidade em seu ministério:

a. Ele esteve disponível aos pobres.
b. Ele esteve disponível aos leprosos.
c. Ele esteve disponível para o ladrão da cruz.
d. Ele esteve disponível aos ricos famintos por Deus.
e. Ele esteve disponível para com as crianças.

3. Jesus Cristo está disponível para você.

C. Deus está disponível para aqueles que o buscam de todo o coração.

1. "De todo o teu coração e de toda a tua alma" (Deut. 4:29).
2. "Quando me buscardes de todo o vosso coração" (Jer. 29:13).
3. Promessas para os que procuram justiça (Mat. 5:6).
   a. "Bem-aventurados são aqueles".
   b. "Eles serão fartos".
4. Não há aqui lugar para hipocrisia ou brincar de igreja.
5. Um Salvador disponível traz salvação para um pecador que o está procurando.

III. Conclusão

A. Você virá a Jesus de todo o teu coração?

B. Aqueles que vêm pela fé nunca são rejeitados (Rom. 10:9,13).

FORÇA PARA O DIA

Deut. 33:25

I. Introdução

A. O povo libertado prestes a entrar na Terra Prometida.

1. Libertados pelo sangue (a Páscoa).
2. Guiados com segurança através do Mar Vermelho.
3. Simboliza atualmente todos ao crentes.

B. As últimas palavras de Moisés a seu povo:

1. Palavras de advertência e promessa.
2. Moisés prepara-os para o lar prometido deles.

C. Segurança para a tribo de Aser para todos seus dias.

II. Corpo do Sermão

A. Deus conhece todos os nossos dias (v. 25).

1. "E como os teus dias".
2. A tribo de Aser poderia ter dias difíceis pela frente.
   a. Dias de fadiga e provação.
   b. Dias de tentação e lágrimas.
3. Aqui é uma promessa para cada ocasião.
4. Deus conhece o futuro desde a fundação do mundo.
   a. Segredos (Mat. 13:35).
   b. O reino preparado (Mat. 25:34).
   c. O Cordeiro morto (Apoc. 13:8).
   d. Perseguição aos crentes (Luc. 11:50).
5. Nada fica escondido de Deus.

B. Deus conhece o limite de nossa força (v. 25).

1. Ele deve saber disso a fim de equipar-nos para cada dia.
2. Nosso Senhor conhece o ponto fraco.
3. Ele não permitirá nada ir além disso.
4. Ele conhece aqueles dias quando você se sente esgotado.
   a. Cansado, nervoso, confuso.
   b. Tentado, desencorajado, próximo de desistir.
   c. Oposição e opressão satânicas.
5. O melhor de tudo, Ele se importa.

C. Deus recompensa nossa fraqueza com sua força (v. 25).

1. Promessas de força para os fracos:
   a. "Ele fortalecerá teu coração" (Salmo 31:24).
   b. "Renovarão as suas forças" (Is. 40:31).
   c. "Eu te fortaleço" (41:10).
2. Aproprie-se de sua força cada dia, pela fé.
3. Sua força é suficiente para tudo que enfrentarmos (Filip. 4:13).

III. Conclusão

A. Considere a cruz.

1. O sofrimento, a zombaria, o desprezo.
2. Nossas provações são mínimas, em comparação.
3. Ele sofreu toda essa agonia porque ama-nos.

B. Lembre a ressurreição.

1. Essa é a fonte de nossa força.
2. O poder da ressurreição: suficiente para todas as nossas necessidades.

A FÉ DERRUBOU OS MUROS

Jos. 6:1-20; Hbr.11:30

I. Introdução

A. O grande desafio de Josué:

1. Ele substitui Moisés.
2. O rio Jordão transbordado deveria ser atravessado.
3. Israel deveria ser introduzido em Canaã.

B. Os milagres começam imediatamente (Jos. 3:9-17).

1. O rio Jordão abre-se diante deles e fecha-se atrás deles.
    a. Lembra-lhes o Mar Vermelho.
    b. Confirma a autoridade de Josué sob Deus.
2. Um outro milagre é necessário para conquistar Jericó.

C. Josué posto à prova como um homem de fé.

II. Corpo do Sermão

A. A oportunidade da fé (v. 1-2).

1. Jericó localiza-se no caminho da conquista de Canaã:
    a. É uma cidade forte e murada.
    b. Os defensores são homens poderosos e de valor.
2. Humanamente falando as opções estavam evidentes:
    a. Escalar os muros.
    b. Derrubar os portões.
    c. Cavar um túnel subterrâneo de noite.
3. A fé oferecia uma alternativa, exatamente como na salvação.
4. O edificador da fé de Josué (5:13-15).
    a. Encontro com um anjo.
    b. O capitão do exército do Senhor.
5. A promessa: "Entrego Jericó na tua mão".
6. A promessa de Deus tornou a vitória certa.

B. A obediência da fé (v. 3-14).

1. Um plano de guerra estranho foi dado a Josué.
    a. Rodear a cidade uma vez ao dia durante seis dias.
    b. No sétimo dia, rodear a cidade sete vezes.

c. Quando os sacerdotes tocarem as trombetas todos devem gritar.
2. Considere a fé exigida nesse plano
3. Todas as bênçãos de Deus vêm pela fé.
a. Nossa salvação vem pela fé (Ef. 2:8-9).
b. A fé propicia resposta às orações (Tg. 1:6-8).
4. A fé exige obediência.
a. A cura de Naamã, o leproso (II Reis 5).
b. Os serventes levando os potes para o vinho, em Caná (João 2:1-11).
5. A oração de Paulo: "Senhor, que farei?" (At. 22:10).
6. Quão estranho isso deve ter parecido aos israelitas em Jericó!
7. O mundo não entende a obediência pela fé.

C. O poder vitorioso da fé (v. 15-20).
1. O sétimo dia era o dia da vitória.
a. Eles marcharam ao redor da cidade sete vezes.
b. Os sacerdotes tocaram suas trombetas.
c. O povo gritou e os muros caíram rente ao chão.
2. A vitória veio no tempo de Deus e do modo dele.

III. Conclusão

A. Qual é o teu maior obstáculo?
B. Espere vencer através do poder de Cristo.
C. Ele conquistou a maior vitória na cruz.
D. Confiar nele traz vitória a você.

UM TEXTO PARA CORAÇÕES AFLITOS

Serie sobre o céu *João 14:1-6*

I. Introdução

A. Um texto que nos situa nos tempos difíceis da vida.
1. A relação de versos mais conhecida no N. T.
2. Associado frequentemente com morte e funerais.
3. Sua mensagem alcança cada coração aflito.

B. Um texto que transporta-nos da tribulação para o triunfo.

II. Corpo do Sermão

A. Um texto que convida-nos para a paz, em tempos de perigo.
1. Os discípulos e Jesus no Cenáculo (João 13).
   a. Eles tinham vindo a Jerusalém para a Páscoa.
   b. Uma refeição agradável; a comunhão preciosa.
   c. Jesus lava os pés dos discípulos.
2. Jesus revela os tempos difíceis pela frente:
   a. Judas o trairá (13:21-30).
   b. Pedro o negará (13:36-38).
3. Há tempos difíceis pela frente para todos.
   a. "No mundo tereis tribulações" (João 16:33).
   b. A maior parte das pessoas passa por situações que nunca pensaram que passariam.
   c. Muitos passam por situações pelas quais nunca pensaram que passariam.
4. Contudo: "Não se turbe o vosso coração".
5. Podemos ter plena paz em tempos perigosos.

B. Um texto que convida-nos a confiar em tempos de tribulação.
1. Crede: uma palavra de mudança de vida.
   a. Crer é exercitar a fé.
   b. Creia e seja salvo (At. 16:31).

c. Creia e tenha tuas orações respondidas (Mc. 9:23).

2. "Credes em Deus".
   a. Fé de que Deus existe; que Ele é o Criador.
   b. Fé de que Deus está no controle.

3. "Crede também em mim".
    a. Crede que Jesus veio salvar pecadores.
    b. Crede que Jesus morreu para pagar nossos pecados.
    c. Crede que Jesus ressurgiu dos mortos.
    d. Atue sobre essa fé: creia em Jesus para a salvação.
    e. Confie teu futuro em suas mãos.

C. Um texto que convida-nos a olhar para além das dificuldades desta vida.

1. "Na casa de meu Pai há muitas moradas".
    a. Toda aflição aqui é temporária.
    b. As provações são apenas "por um pouco de tempo" (I Pe. 1:6).
    c. O melhor está por vir (Filip. 1:21-23).
    d. O céu aguarda todos os crentes (II Cor. 5:8).
2. "Vou preparar-vos lugar".
    a. Que esplêndido lugar deve ser o céu!
    b. Vislumbre o céu além dos pesares.
3. "Virei outra vez".
    a. A esperança bendita de cada crente.
    b. Você está pronto para o retorno dele?

III. Conclusão

A. O céu é um lugar preparado para pessoas preparadas.

B. Você está preparado para o céu?

A DIFERENÇA

Série sobre o céu *I Tessal. 4:13-18*

I. Introdução

A. Alguns vão para o céu quando morrerem e alguns não vão.
B. Alguns estarão prontos para o retorno de Cristo e alguns não.
C. Aqui está um texto para ajudar-nos saber a diferença.

II. Corpo do Sermão

A. A diferença entre esperança e não esperança (v. 13).

1. Preocupação acerca dos queridos que morrem.
   a. Essa é uma preocupação comum, pois todos morrem (Hbr. 9:27).
   b. Paulo enfrentou o problema e dá respostas.
2. Não nos entristecemos como aqueles que não têm esperança.
   a. A tristeza é normal quando queridos morrem.
   b. O pesar é normal; Jesus chorou junto a um túmulo (João 11:35).
3. O pesar cristão é diferente.
   a. Temos certeza de coisas melhores pela frente (Filip. 1:21-23).
   b. Sabemos para onde nossos queridos foram (II Cor. 5:8).
   c. Sabemos que os veremos novamente (v. 17).
4. As pessoas perdidas não têm esperança.

B. A diferença entre fé e incredulidade (v. 14).

1. "Se cremos que Jesus morreu e ressurgiu".
2. A chave da esperança é a fé:
   a. Crer é confiar.
   b. É mais do que concordância intelectual.
   c. Confiar com certeza em Cristo, o qual morreu e ressurgiu.
3. Crer é ser salvo (At. 16:31).
4. Crer é estar certo do céu (I João 5:12-13).
5. Preocupação com os que recusam crer:
   a. Não tem esperança do céu.
   b. Estarão perdidos para sempre.

C. A diferença entre a primeira e segunda ressurreições (v. 16).

1. O que acontece quando Jesus volta:
   a. O Senhor desce do céu com um brado.
   b. A voz do arcanjo e a trombeta de Deus.
   c. Jesus retorna com aqueles que foram para o céu.
   d. Ele ressuscita os corpos deles e os reúne.
   e. Os crentes vivos são arrebatados e transformados (I Cor. 15:51).
   f. Essa multidão de cristãos parte para o céu.
   g. Todos os incrédulos são deixados.
   h. Os incrédulos mortos não são ressuscitados nesta ocasião.
2. Os incrédulos são ressuscitados posteriormente para julgamento (Apoc. 20:5-15).

III. Conclusão

A. Você está perdido e sem esperança do céu?

B. Una-se à multidão diferente.

1. Venha a Jesus como um pecador.
2. Receba-o pela fé e esteja pronto para o céu e para o retorno dele.

OUTUBRO

CONHECEREMOS NOSSOS QUERIDOS NO CÉU?

Série sobre o céu *I Pedro 1:3-5*

I. Introdução

A. O que torna preciosa a esperança do céu?

1.Estaremos lá imediatamente após a morte (II Cor. 5:8).

2. Lá não haverá mais doença, pesar, nem morte (Apoc. 21:1-6).

3. Jesus lá estará (João 14:1-3).

4. Nossa herança está lá (I Pe. 1:4).

B. Nossos queridos também estarão ali

1. A separação acabará.

2. Nós os veremos e os conheceremos.

C. Como sabemos?

II. Corpo do Sermão

A. O céu não é um lugar de trevas, mas de luz (Apoc. 21:23-27).

1. Jesus era a luz do mundo quando na Terra (João 8:12):
   a. Muitos encontraram nele a luz da vida.
   b. Muitos ainda estão fazendo assim.
2. O céu tem luz sem sol ou lua (v. 23):
   a. A glória de Deus irradia a gloriosa luz.
   b. O Cordeiro é a lâmpada do céu.
3. Ali não há noite (v. 25).
4. O inferno é lugar de trevas (Mat. 8:12).
5. Teremos no céu mais discernimento do que aqui acerca de tudo.

B. O céu não é um lugar de cegueira, mas de visão espiritual (I Cor. 12:13).

1. Muitos na Terra são cegos.
   a. Alguns são cegos fisicamente.
   b. Muitos são cegos espiritualmente (I Cor. 2:14).
2. Jesus veio para abrir os olhos dos cegos.
   a. Ele abriu os olhos de cegos fisicamente.

b. Recebendo-o proporciona luz espiritual (I Cor. 2:15-16).
3. Não saberemos menos no céu, mas mais.
a. Conheceremos os santos de todas as épocas.
b. Conheceremos Jesus.
c. Por que, pois, não conhecer nossos amados?
4. Nós os conheceremos quando os encontrarmos ali.

C. Céu é um lugar onde Jesus cumpre muitas coisas (I Tess. 4:13-18).
1. Aqui está um texto de conforto.
a. Conforto para aqueles que perderam queridos na morte.
b. Que conforto haveria se nunca mais os conhecessem?
2. O texto inteiro fala de reunião e comunhão.
a. Uma reunião de família sem reconhecimento?
b. Comunhão somente com estranhos?
3. Conheceremos nossos amados salvos e com eles desfrutaremos o céu.

III. Conclusão

A. Comungaremos lá com a família de Deus.
B. Você faz parte dessa família?
C. Receba o Senhor e torne-se um filho de Deus (João 1:12).

AS BODAS DO CORDEIRO

Série sobre o céu *Apoc. 19:6-9*

I. Introdução

A. Estamos a caminho de um casamento:

1. Uma cena vista do céu
2. As bodas do Cordeiro.
3. Enquanto a tribulação alastra-se sobre a Terra.

B. Os participantes e os planos das bodas do Cordeiro.

II. Corpo do Sermão

A. O noivo (v. 6-7).

1. O noivo é Jesus.
   a. João Batista chamou-o de Cordeiro de Deus (João 1:29).
   b. Ele é adorado como o Cordeiro no céu (Apoc. 5:12).
   c. Ele é chamado o Cordeiro que foi morto (Apoc. 5:8-12).
   d. Ele chamou-se de noivo (Mat. 9:15).
2. A parábola das virgens prudentes e insensatas (Mat. 25:1-13).
   a. Uma parábola acerca do retorno de Cristo.
   b. Uma advertência para todos estarem prontos (v. 13).
3. Uma expressão de louvor quando do início do casamento (v. 6).
4. Um tempo para o céu alegrar-se e regozijar-se (v. 7).

B. A noiva (v. 7-8).

1. A noiva é a igreja.
2. Cada casamento deve lembrar-nos de Cristo e sua igreja.
   a. Ensino paulino dos deveres dos maridos e esposas (Ef. 5:22-33).
   b. Tudo extraído de Cristo e sua noiva, a igreja (v. 32).
3. Jesus morreu para pagar pelos pecados de sua noiva.
4. A graça do noivo tornou possível o vestido da noiva.
5. O vestido da noiva é feito de linho fino.
   a. O linho fino é a justiça dos santos.
   b. O que tecemos no tempo vestimos na eternidade.

B. A recepção (v. 9).

1. "A ceia das bodas do Cordeiro".
2. Aqui acontece uma grande festa no céu.
   a. Todos os presentes à ceia são especialmente bem-aventurados.
   b. Boa refeição evidentemente faz parte do céu.
3. Há boa razão para celebrar.
   a. Um casamento de amor (João 3:16).
   b. Um casamento que durará eternamente.
4. Talvez haverá ceia musical pelos anjos.

III. Conclusão

A. O convite de Nosso Senhor para a ceia nupcial (Luc. 14:16-24).

1. O Espírito Santo ainda está convidando.
2. Muitos ainda estão apresentando desculpas.
3. Os pobres, os mutilados, os paralíticos e os cegos ainda são bem-vindos

B. Aceite hoje o convite gracioso.

LÁGRIMAS, NUNCA MAIS

Série sobre o céu *Apoc. 21:1-6*

I. Introdução

A. Vamos falar acerca de um assunto negligenciado: eternidade.

1. A maioria dos nossos pensamentos centralizam-se em coisas temporais.
2. Contudo, nosso tempo aqui é breve e a eternidade é extensa.

B. Os que nasceram de novo podem antecipar uma eternidade gloriosa.

1. Para os salvos, o céu vem logo a seguir.
2. O céu será "muito melhor".

C. O que os crentes aguardam após a morte.

II. Corpo do Sermão

A. A eternidade com Nosso Senhor (v. 3).

1. "Com eles habitará".
2. A fé em Cristo inicia um andar admirável com Deus.
3. Teu andar com o Senhor continua no céu:
   a. Ele morará com eles.
   b. Eles serão povo dele.
   c. O próprio Deus estará com eles.
   d. Ele será o Deus deles.

B. A eternidade sem lágrimas (v. 4).

1. Aqui há muitas lágrimas.
   a. O primeiro sinal de vida de um bebê: um choro.
   b. As decepções e mágoas da infância.
   c. Os sonhos destruídos dos anos de trabalho.
   b. A solidão e sofrimento da velhice.
2. Jesus foi um Homem de dores (Is. 53).
   a. Tristeza no Getsêmani (Mat. 26:38).
   b. Choro junto ao sepulcro de Lázaro (João 11:35).
   c. Chorou sobre Jerusalém (Luc. 19:41).
3. Deus enxugará todas as lágrimas.
4. Não haverá mais tristeza, nem choro.

C. A eternidade sem separação (v. 4).

1. "Não haverá mais morte".
2. A morte traz separação.
   a. Separação entre corpo e espírito (Tg. 2:26).
   b. Separação dos amigos e queridos.
3. O último inimigo será destruído, finalmente(I Cor. 15:26).

D. A eternidade sem enfermidade (v. 4).

1. "Não haverá mais qualquer dor".
2. As enfermidades físicas estão sempre conosco.
3. No céu desfrutaremos de uma saúde perfeita.
   a. Nem resfriados, nem câncer.
   b. Nem artrite, nem apendicite.
   c. Nem dores de cabeça, nem enfartes.
4. Tudo será novo, inclusive nós.

III. Conclusão

A. Uma palavra oportuna de Jesus (v. 6).

1. Ele é o princípio e o fim.
2. Ele oferece água viva a todo que tem sede.

B. Venha a Ele pela fé e fique satisfeito para sempre.

NÃO

I Reis 17:8-16

I. Introdução

A. A viúva que pensou que estava prestes a morrer.

1. Havia uma fome na Terra.
2. Ela e seus filhos estavam quase sem alimento.
3. Elias tinha anunciado essa fome ao rei (v. 1).

B. Deus transformou os pontos negativos da viúva em pontos positivos.

1. Ele mudou a situação dela de pobreza para a fartura.
2. Ele mudou-a de ansiedade para a segurança.
3. Elias viria do ribeiro de Querite com a ajuda de Deus.

C. O trajeto da viúva de "não tenho" para "não se acabou".

D. "Não tenho" (v. 8-12).

1. Essa viúva era uma mulher de fé.
2. Deus foi capaz de se comunicar com ela.
   a. Ela esteve esperando Elias.
   b. O que se esperaria dela?
3. Elias chegou sedento e faminto.
   a. "Traze-me... um pouco de água".
   b. Que refrigério, agora podia pedir alimento!
4. "Traze-me um bocado de pão".
   a. "Não tenho nem um bolo".
   b. Ela ficou deprimida.
   c. Vê pela frente apenas a morte.
5. Focalize sobre o que você não tem e a depressão virá.
   a. Ela possuía um punhado de farinha e um pouco de azeite.
   b. O que você tem que Deus possa usar?

E. "Não temas" (v. 13).

1. O medo é comum a todos.
2. O medo foi a primeira evidência da Queda (Gen. 3:10).
3. São tantos os tipos de medos que nos assediam:
   a. Medos acerca de nossas famílias.
   b. Medos acerca da saúde.

    c. Medos acerca do dinheiro.
4. O conselho de Elias para a viúva preocupada.
    a. Ela devia fazer aquele bolo: faça as coisas rotineiras.
    b. Mas primeiro, ela devia fazer um bolo para ele.
5. Deus em primeiro lugar (Mat. 6:33).
6. Ao dar prioridade a Deus, vencemos nossos medos.

F. "A vasilha alimento não se esvaziou" (v. 14-16).

1. As coisas aconteceram melhores do que a viúva esperava.
2. Nós tememos as coisas que ainda não aconteceram.
3. A viúva colocou Deus em primeiro lugar e Ele proveu para ela.
4. As lições aprendidas pela viúva:
    a. Deus é fiel em todos os momentos.
    b. Não podemos esgotar Deus.

III. Conclusão

A. Quais são os medos que estão tirando de você a alegria de viver?

B. Troque teus medos pela fé.

C. Dê a Cristo o primeiro lugar em tua vida.

D. Ele prometeu prover para você.

AS METÁFORAS DE ISAÍAS ACERCA DE CRISTO

Isaías 32:2

I. Introdução

A. Isaías prevê pela frente o avento do Salvador.

1. Ele profetizou seu nascimento virginal (7:14).
2. Ele revelou seus vários nomes (9:6).
3. Ele escreveu acerca do seu reino vindouro (9:7).
4. Agora ele descreve o homem.

B. A que Jesus é comparado?

II. Corpo do Sermão

A. Ele é semelhante a um abrigo contra o vento.

1. Simboliza a salvação.
2. Estamos sujeitos aos ventos da vida.
    a. Ventos da circunstância que agitam-nos.
    b. Ventos da tentação que seduzem-nos
    c. Ventos da aflição que tentam-nos.
3. Precisamos de um abrigo calmo durante os ventos fortes.
4. A fé em Jesus acalma os ventos da culpa.
5. Ele recebe e perdoa a todos que a Ele vêm (João 6:37).

B. Ele é semelhante a um esconderijo contra a tempestade.

1. Simboliza a segurança.
2. Um esconderijo é um lugar de refúgio.
    a. Uma proteção contra as tempestades.
    b. Um lar para os desabrigados.
    c. Uma fortaleza em tempo de guerra.
    d. Um santuário para os que precisam de paz.
3. Há muitas tempestades: sociais, econômicas, emocionais.
4. Encontre proteção em Jesus contra tua tempestade.

C. Ele é semelhante a ribeiros de água em um lugar seco.

1. Simboliza refrigério e satisfação.
2. A busca persistente do mundo por satisfação.
3. Jesus oferece água viva.
    a. Seu oferecimento à mulher junto ao poço (João 4:14).

b. Sua promessa do Espírito Santo (João 7:37-39).

4. Ele ainda oferece água viva a todos hoje (Apoc. 22:17).

D. Ele é semelhante a uma sombra de uma grande rocha em uma terra árida.

1. Simboliza descanso e refrigério.
2. Jesus oferece descanso a todos cansados (Mat. 11:28-30).
   a. Alguns estão cansados de lutar contra a tentação.
   b. Alguns estão cansados em lutar com a pouca saúde.
   c. Alguns estão cansados dos infortúnios financeiros.
   d. Alguns estão cansados dos conflitos familiares.
3. Venha a Jesus e encontre descanso.
4. Ele aliviará e dará nova força (Is. 40:31).

III. Conclusão

A. Jesus é um Salvador todo suficiente.

B. Jesus é tudo de que precisamos.

C. Confie nele hoje para salvar-te (At. 16:31).

DO ENGANO À CARIDADE

Lucas 19:1-10

I. Introdução

A. Um coletor de impostos desonesto encontra Jesus.

1. Jesus estava atravessando Jericó (v. 1).
2. Zaqueu encontrou Jesus e foi transformado.
3. A conversão de um homem que ninguém pensava que seria salvo.

B. Como isso tudo começou.

1. Zaqueu, um homem rico com uma reputação má.
2. Jesus, o Salvador imaculado, veio à cidade.
3. A luta de Zaqueu ao vir a Jesus.

II. Corpo do Sermão

A. Sua queda (v. 2).

1. A riqueza conquistou Zaqueu.
   a. Ele era chefe dos publicanos (coletores de impostos).
   b. O amor ao dinheiro tornou-o desonesto.
   c. Era considerado traidor pelos judeus.
2. Deve ter considerado sua riqueza insuficiente.
   a. Sua paixão por dinheiro deixou-o sentindo-se vazio.
   b. Se você ama o dinheiro, esteja certo de ser desapontado.
3. Provavelmente, Zaqueu esperou que Jesus pudesse libertá-lo.

B. Sua subida (v. 3-4).

1. Zaqueu era de "pequena estatura".
   a. Não podia ver Jesus por causa da multidão.
   b. H. A. Ironside: "Ele era um excluído".
2. Estamos todos separados da glória de Deus (Rom. 3:23).
3. Zaqueu subiu em um sicômoro para ver Jesus.
   a. Ele queria estar acima dos outros.
   b. Muitos pensam que devem subir para chegar até Jesus.
   c. Esperam que suas boas obras obtenha-lhes o favor.
   d. Confiam que as cerimônias religiosas elevem-nas.
4. As boas obras nada contam para alcançar salvação.

   5. Somos salvos somente pela graça (Ef. 2:8-9).

C. Sua descida (v. 5-6).

   1. "Zaqueu desce depressa".
   2. A cena abaixo desse escalador.
      a. O povo comum: passando, juntando-se, ouvindo.
      b. O pobre, o doente, o pecador, o aflito.
      c. Ele pode ter se considerado melhor do que esses.
   3. Contudo, Zaqueu deveria descer para ser salvo.
   4. Ele apressou-se e desceu; você também descerá?

D. Sua disponibilidade (v. 6-8).

   1. Zaqueu abriu seu coração (v. 6).
   2. Ele abriu sua casa (v. 7).
   3. Ele abriu sua carteira (v. 8).
   4. Ele abriu seus olhos para a necessidade de outros (v. 8).
   5. Ele abriu sua boca para para testemunhar seu compromisso completo (v. 8).

III. Conclusão

A. A salvação chegou à casa de Zaqueu (v. 9).

B. Jesus revela que é isso que Ele veio fazer (v. 10).

C. Permita Jesus trazer a salvação a você.

TRÊS PESSOAS REPRESENTADAS HOJE

Série sobre maturidade *I Cor. 2:14-3:4*

I. Introdução

A. Aqui está um sermão para todos.

1. Alguns sermões são para conversão dos perdidos.
2. Alguns sermões são para alimentar ou corrigir crentes.
3. Este é para você.

B. Três tipos de pessoas:

1. O homem natural (v. 14).
2. O homem espiritual (v. 15).
3. O homem carnal (3:1).

C. Quem são essas pessoas representativas?

II. Corpo do Sermão

A. O homem natural (v. 14).

1. A mensagem e o método de Paulo (v. 1-13).
   a. Sua mensagem era Cristo, este crucificado (v. 2).
   b. Seu método era pregar no poder de Deus (v. 3-4).
   c. Ele queria alcançar o "homem natural".
2. O homem natural não nasceu de novo.
   a. Ele não consegue entender as coisas espirituais.
   b. Elas são loucura para ele.
3. A Bíblia é um livro enigmático para o homem natural.
4. O destino do homem natural é a destruição.
5. A necessidade do homem natural é a salvação
   a. Todas as pessoas estão perdidas certamente (Rom. 3:23).
   b. Todas as pessoas perdidas podem ser salvas (João 6:37; Rom. 10:9, 13).

B. O homem espiritual (v. 15).

1. O homem espiritual foi outrora um homem natural.
2. A salvação pela fé em Cristo transformou-o.
   a. Outrora condenado; agora libertado.
   b. Outrora perdido; agora salvo.

c. Outrora destinado para o inferno; agora destinado para o céu.

3. O Espírito Santo ensina o homem espiritual (v. 11-13).
4. O homem espiritual discerne (compreende) tudo.
    a. Percebe Deus operando no mundo.
    b. Percebe Deus operando em sua vida.
5. Ele não é compreendido por outros.
    a. A advertência de Jesus (João 15:18-20).
    b. A explicação de Pedro (I Pe. 4:12-14).
6. O homem espiritual tem a mente de Cristo (v. 16).

C. O homem carnal (3:1-4).

1. O homem carnal é confuso.
    a. O homem natural vive para o momento.
    b. O homem espiritual ajunta tesouros no céu.
    c. O homem carnal tenta demonstrar ambos os modos.
2. Contradições do homem carnal:
    a. Ele sabe o que é certo, mas não o pratica.
    b. Ele sabe que o mundo está perdido, mas apega-se a ele.
    c. Ele é semelhante a Ló demorando-se em Sodoma.
3. O homem carnal precisa de compromisso completo com Cristo.

III. Conclusão

A. Que tipo de pessoa você é?

B. Cristo vai ao teu encontro onde você está.

C. Ele fará de você a pessoa espiritual que deve ser.

D. Esta é a tua oportunidade.

O QUE PRECISAMOS PARA SABER CRESCER

Série sobre a maturidade *II Pedro 3:18*

I. Introdução

A. O grande plano de Deus: nascimento, crescimento, maturidade.

1. Muitos crentes nunca chegam à maturidade ,como tencionam.
2. Há bebês espirituais demais (I Cor.3:1-5).

B. Indícios de infância espiritual:

1. Lastimador ao invés de agradecido.
2. Argumentação ao invés de ação.
3. Seguindo homens ao invés de seguir o Mestre.

C. Como pode alguém continuar crescendo?

II. Corpo do Sermão

A. Devemos saber como alimentar-nos (I Pedro 2:2).

1. Alimento apropriado para crescimento apropriado.
2. Há tanto alimento que não é saudável:
   a. Violência nas notícias.
   b. Lazer excessivo.
   c. Planos imorais nas novelas.
3. Cada crente deve desenvolver uma vida devocional forte.
   a. Começando o dia com Deus e sua Palavra.(II Tim. 2:15).
   b. Separando tempo para ação de graça e oração (Filp. 4:6-8).
   c. Encontrando os edificadores da fé para cada dia (Sal. 119:9-11).

B. Devemos saber como permitir outros nos alimentarem (Hebr. 10:25).

1. A importância da igreja na maturidade (Ef. 4:11-16).
   a. Participação na igreja é vital para o crescimento.
   b. Pessoas com dons, chamadas para alimentar-nos.
   c. A comunhão cristã para encorajar-nos.
   d. Oportunidades de serviço cristão para fortalecer-nos.
2. Lendo livros para edificação da fé.
3. Estar atento para Deus nos falar através de outros.
4. Conhecer a Cristo através da vida de outros crentes.

C. Devemos saber como comportar-se (Gal. 5:16).

1. "Andai pelo Espírito Santo".
   a. Não entristeçais o Espírito Santo (Ef. 4:30).
   b. Não atrapalhem a ação do Espírito Santo (I Tess. 5:19).
2. Viver em novidade de vida (Rom. 6:4).
3. Viver pela fé (II Cor. 5:7).
4. Andar de maneira digna do Senhor (Col. 1:10).
5. Viver sabiamente (Ef. 5:15).
6. Viver em amor (Ef. 5:2).
7. Viver na luz (Ef. 5:8).

D. Devemos saber como multiplicar-se (João 15:8).

1. Dar fruto é reprodução.
   a. O fruto de uma árvore é uma outra árvore.
   b. O fruto de um cristão é um outro cristão.
2. André levou seu irmão Pedro a Jesus (João 1:41).
3. Três mil convertidos no dia de Pentecostes (At. 2:41).
4. Os crentes primitivos mantinham a multiplicação (6:7).
5. Crentes que reproduzem, prosperam e crescem.

III. Conclusão

A. Confira tuas devoções, teu culto, teu viver, teu testemunho.

B. Como você está correspondendo a eles?

C. Voltemos aos princípios básicos de crescimento.

D. Tornemo-nos cristãos maturos.

NOVEMBRO

IDENTIFICANDO CRISTÃOS MATUROS

Série sobre maturidade *I Pedro 4:1-8*

I. Introdução

A. Pedro e os sofrimentos e morte de Cristo.
1. O precioso sangue de Jesus (1:18-19).
2. Cristo levando nossos pecados (2:21-25).
3. O justo pelos injustos (3:18).

B. A experiência pessoal de Pedro e a cruz.
1. Suas negações de Cristo.
2. Ele não queria ser identificado com Jesus.

C. Pedro explica a identidade de maturidade do crente.

II. Corpo do Sermão

A. Como os cristãos maturos identificam-se com os sofrimentos de Cristo (v. 1-2).
1. O crescimento propicia maior apreciação dos sofrimentos de Cristo.
   a. "Já que Cristo sofreu por nós na carne".
   b. Ele levou sobre si nosso sofrimento" (Is. 53:5).
2. Paulo retoma o mesmo tema.
   a. "Estou crucificado por Cristo" (Gal. 2:20).
   b. Morrer com Cristo; viver com Cristo (Rom. 6:8).
3. "Armai-vos também deste mesmo pensamento" (I Pe. 4:1).
   a. Cristo obteve a vitória na cruz.
   b. Identificação com Ele traz vitória diária.
4. Em vista dos sofrimentos de Cristo, devemos abandonar o pecado (v.2).
5. A vontade de Deus deve ser nosso alvo (v. 2).

B. Como os cristãos maturos são identificados pelo mundo (v. 3-6).
1. Nosso passado não foi bom.
   a. Cobiça, bebedeira, idolatrias.
   b. Fazendo os desejos da carne e mente (Ef. 2:3).
2. Cristo transformou nossas vidas(II Cor. 5:17).

3. Alguns não conseguem compreender essa transformação.
   a. Consideram estranha essa transformação.
   b. Falam mal porque escolhemos o que é bom.
4. O mundo vê nossa luz e prefere as trevas.
5. Seremos exigidos no julgamento (Rom. 14:12).

Os crentes devem adotar sempre a perspectiva a longo prazo (v. 7).

C. Como os cristãos maturos identificam-se uns com outros (v. 8-12).

1 "Tendo antes de tudo, amor fervoroso uns para com outros".
   a. Devemos ser identificados pelo nosso amor.
   b. Esse amor deve ser fervoroso (intenso).
2. O que esse amor faz:
   a. Cobre uma multidão de pecados.
   b. Torna natural a hospitalidade.
   c. Capacita-nos a dar sem má vontade.
3. Ministraremos mutuamente.
   a. A graça de Deus capacita-nos a ministrar.
   b. Deus é glorificado em tal demonstração de amor.

III. Conclusão

A. Qual é seu grau de maturidade?

1. O que os sofrimentos de Cristo significam para você?
2. O mundo considera você como um cristão?
3. Você ama outros crentes intensamente?

B. Cada novo olhar para a cruz, apressa a maturidade.

C. Confie tua vida, teu tudo a Cristo, o crucificado.

CRESCENDO ATRAVÉS DE PROVAÇÕES

Série sobre a maturidade *I Pe. 4:12-14*

I. Introdução

A. Os instrumentos de crescimento de Deus.

1. A vida cristã começa com o nascimento espiritual (João 3:3-5).
2. O plano de Deus é nascimento, crescimento, e maturidade.
3. Deus usa a Bíblia, a igreja e outros crentes para nossa maturidade.
4. Deus também usa provações para levar-nos à maturidade.

B. Algumas verdades acerca de provações.

II. Corpo do Sermão

A. Porque os cristãos têm provações (v. 12).

1. "Não estranheis".
2. Os cristãos têm provações porque vivemos em um mundo pecaminoso.
   a. Somos uma parte da raça caída (Rom. 3:10-23).
   b. Vivemos em um mundo de desordem e de desastres naturais.
   c. Vivemos em um mundo de crime, doença, morte (Hebr. 9:27).
3. Os cristãos têm provações por causa do poder de Satanás.
   a. Temos um adversário: Satanás.
   b. Considere o ataque de Satanás sobre Jó.
   c. O leão que ruge (I Pe. 5:8).
4. Os cristãos estão em colisão com o curso deste mundo.
   a. Jesus preveniu sobre esse conflito (João 15:18-20).
   b. Muitos sofreram e morreram por Cristo (Hebr. 11:36-40).

B. Porque as provações dos cristãos são diferentes (v. 13).

1. Não sofremos sozinhos (I Pe. 5:9).
2. Fomos feitos participantes dos sofrimentos de Cristo (v. 13).
3. Podemos encontrar alegria mesmo no perigo (At. 16:25-32).
4. Há um propósito em nossas dificuldades (Rom. 8:28-29).
5. Após nossas provações virá glória (Rom. 8:17-18).

C. Como os cristãos maturos reagem às suas provações (v. 14)

1. "Felizes sois"
   a. Felizes mesmo quando insultados.
   b. Deus está conosco em nossas provações.
2. Os cristãos podem ter provações financeiras.
   a. Às vezes tomamos decisões financeiras insatisfatórias.
   b. Às vezes as condições financeiras não estão ao nosso alcance.
   c. As provações financeiras ensinam-nos a ter cuidado e contribuir (Filip. 4:10).
3. Os cristãos podem ter provações referentes à saúde.
   a. A hinista Fanny Crosby era cega.
   b. A poetisa Anniee Johnson Flint sofria de artrite.
   c. Os problemas de saúde frequentemente ensinam-nos a simpatizar-se e orar.
4. Os cristãos podem ter provações referentes às famílias
   a. Mesmo os fiéis frequentemente sofrem nessa área.
   b. Essas provações ensinam-nos a alegrar-se na família de Deus.
5. Os cristãos podem ter problemas emocionais
   a. Muitos encontram ajuda de conselheiros cristãos.
   b. Os problemas emocionais ensinam-nos a descansar em Jesus.

III. Conclusão

A. Como você está se comportando na escola de provações de Deus?

B. As tuas provações tornam-te melhor ou mais amargurado?

C. Nas provações, olhe para Jesus: Ele te compreende e cuida.

O CRISTÃO MATURO

Série sobre maturidade *Ef. 5:17-23*

I. Introdução

A. Maturidade é uma palavra adequada.

1. A juventude é boa, mas a maturidade é melhor.
2. A maturidade no mundo natural.
   a. Uma rosa em plena florescência.
   b. Uma melancia quando vermelha e suculenta.
   c. Uma árvore adulta oferecendo sombra e beleza.

B. Um cristão maturo desenvolveu-se na fé.

1. Nasceu de novo pela fé em Jesus.
2. Foi doutrinado nas Escrituras, e é capaz de ensinar.
3. Foi amadurecido pelo sofrimento e é capaz de confortar.

C. Reconhecendo cristãos maturos

II. Corpo do Sermão

A. A sabedoria do cristão maturo (v. 17).

1. "Por isso, não sejais insensatos".
2. O mundo está interessado em acumular conhecimento.
   a. Educação é tudo.
   b. Sempre aprendendo, mas nunca atingindo a verdade (II Tim. 3:7).
3. O cristão maturo procura sabedoria.
   a. Quem é maturo sabe o que fazer com o conhecimento.
   b. O cristão maturo conhece a fonte da sabedoria (Tg. 1:5).
4. Os cristãos maturos encontram a vontade de Deus e a praticam.
   a. "Entendei qual seja a vontade do Senhor".
   b. Você já encontrou a vontade de Deus para tua vida?
   c. Você busca a vontade de Deus cada dia?
   d. É teu prazer fazer a vontade de Deus?

B. O culto do cristão maturo (v. 18-20).

1. O culto deve ser particular e público.
2. O culto do cristão maturo é espiritual.
   a. "Sejam cheios do Espírito Santo".

b. Não adeptos de formalismos e cerimônias.
c. Sinceros e dirigidos pelo Espírito Santo.
3. O culto do cristão maturo é bíblico.
a. "Falando entre vós em salmos".
b. Emocionalmente submissos às Escrituras.
4. O culto do cristão maturo inclui cânticos.
a. Hinos, cânticos espirituais, canções.
b. A música é uma expressão poderosa de culto.
c. Música é uma parte do culto do céu (Apoc. 5:9; 15:3).
5. O culto do cristão maturo parte de um coração grato.
a. "Sempre dando graças".
b. Agradecendo a Deus por todas as coisas (Ef. 5:20).

C. O andar do cristão maturo (v. 21-33).

1. O cristão maturo aprendeu a submissão (v. 21).
a. "Sujeitando-vos uns aos outros".
b. Jesus é o exemplo (Filip. 2:5-7).
c. Submissão é o oposto de vontade própria.
2. Até submissão no lar (v. 23).
3. O cristão maturo anda em amor (v. 25).
4. O cristão maturo representa Cristo continuamente (v. 25-33)

III. Conclusão

A. Quanto tempo faz que você avaliou seu crescimento?
B. Qual é seu grau de maturidade?

POR QUE CRESCER?

Série sobre maturidade *Ef. 4:11-16*

I. Introdução

A. Deus tem uma equipe designada para levar-nos à maturidade (v. 11).

1. Os apóstolos e profetas através de seus escritos.
2. Os evangelistas ensinam-nos o valor de ganhar almas.
3. Os pastores e professores mantêm os crentes fortalecidos na fé.
4. Todos esses "aperfeiçoam" ou "desenvolvem" os santos.

B. O propósito de Deus é edificar o Corpo de Cristo (v. 12).

II. Corpo de Cristo

A. Quem faz o serviço cristão? (v. 12).

1. Os santos fazem o serviço cristão.
   a. Os santos são aqueles que nasceram de novo.
   b. Todos os crentes vão fazer o serviço cristão.
2. Muitas igrejas invertem o plano divino.
   a. Os pastores fazem o serviço cristão.
   b. Os santos vêm para ouvir e criticar sermões.
   c. As congregações procuram aperfeiçoar os pastores para o serviço cristão.
3. São cristãos demais bancando apenas espectadores.
4. Qual o resultado deste presente plano apóstata?
   a. A igreja marcha a passo de tartaruga.
   b. Seus membros perdem a benção do serviço cristão.
   c. Quando o corpo não está ocupado, cria os atrapalhadores.
5. Devemos retornar ao plano de Deus: todos os crentes servindo.

B. O que é o serviço cristão? (v. 12).

1. O serviço cristão é algo que edifica o Corpo de Cristo.
   a. Edificar é desenvolver.
   b. O que você está fazendo para edificar os crentes?
2. O serviço é cuidar dos aflitos.
   a. Confortando os enfermos e abatidos (I Tess. 5:11-14).
   b. Visitando os órfãos e viúvas (Tg. 1:27).

3. O serviço cristão é cuidar das necessidades físicas dos crentes.
    a. Paulo referindo-se às necessidades dos santos (Rom. 12:13).
    b. Ministrando aos santos pobres em Jerusalém (Rom. 15:25-26).
4. O serviço cristão é cuidar das necessidades espirituais dos crentes.
    a. Ministrando àqueles vencidos por alguma falta (Gal. 6:1).
    b. Ministrar é encorajar um ao outro (Hebr. 10:25).
5. Ministrar é evangelizar (At. 8:5).

C. O que acontece quando todos realizamos o serviço cristão? (v. 13-16).

1. A igreja é unida (v. 13).
2. Os crentes tornam-se semelhantes a Cristo (v. 13).
3. Os cristãos tornam-se firmes na fé e doutrina (v. 14).
4. A igreja é protegida da falsa doutrina (v. 14).
5. O amor flui através de toda a pregação e ensino (v. 15).
6. A igreja cresce e é conhecida pela comunhão e amor (v. 16).

III. Conclusão

A. Retornemos ao plano de Deus para sua igreja.

B. Que os líderes aperfeiçoem os santos para servir.

C. Uma igreja que está servindo alcançará sua comunidade para Cristo.

O PASTOR E A IGREJA

Série sobre a maturidade *Ef.4:11-16*

I. Introdução

A. A igreja é estabelecida por Deus

1. A estrutura das igrejas locais dada na Bíblia.
2. Os oficiais e seus deveres estão descritos.

B. Porque as igrejas frequentemente marcham a passo de tartaruga.

1. Os pastores levam a maior parte da carga.
2. Os membros não estão envolvidos no serviço cristão.

C. Quais são as funções de um pastor e de uma igreja?

II. Corpo do Sermão

A. O pastor é um dom para a igreja (v. 11).

1. Isso pode chegar a ser surpresa.
   a. Alguns pensam ser o ministério uma profissão.
   b. Pelo contrário, é uma chamada divina.
2. Algumas distinções:
   a. Um pastor não é um apóstolo.
   b. Um pastor não é um profeta.
   c. Embora não seja um evangelista, deve evangelizar (II Tim. 4:5).
3. Os pastores devem ensinar pelo exemplo e exortação.
4. Pastores são apascentadores , alimentando e guiando as ovelhas.

B. O pastor deve aperfeiçoar os crentes para o serviço cristão (v. 12).

1. Quais são os deveres do pastor?
   a. São muitas e variadas.
   b. Pregar, ensinar, orar, estudar, aconselhar.
   c. Ele deve dar o exemplo no testemunho pessoal (II Tim. 4:5).
2. E o mais importante, ele deve equipar os santos para o serviço cristão.
   a. A igreja não é um ministério de uma única pessoa.
   b. O pastor deve treinar as pessoas para ministrar.
3. Isso multiplica o ministério de qualquer igreja.

C. O pastor e a igreja devem ministrar e multiplicar (v. 12).

"Para a edificação do Corpo de Cristo"

2. Ambos, pastor e membros tornam-se edificadores da igreja.
3. Observe como isso foi real na igreja primitiva.
    a. Todos os crentes estavam evolvidos no Dia de Pentecostes (At. 2:1-11).
    b. Orando, louvando, aprendendo, crescendo (At. 2:41-47).
    c. Aproveitavam cada oportunidade para testemunhar (At. 8:4).
4. "A igreja de Deus marcha qual exército poderoso".
    a. Isso é real quando todos estão ministrando.
    b. Os cristãos primitivos transtornaram o mundo(At.17:6)
    c. Isso é impossível com apenas os líderes ministrando.
5. Os crentes multiplicam-se quando todos ministram.
    a. Três mil foram salvos no Dia de Pentecostes (At. 2:41).
    b. Mais dois mil salvos quando a perseguição começou (4:4).
    c. Multidões de crentes adicionados (At. 5:14).
    d. Da adição à multiplicação (6:7).
6. Todos devemos estar envolvidos para sermos efetivos para Cristo.

III. Conclusão

A. Resultados dinâmicos da permanência nas instruções de Deus.

1. Nossa igreja pode ser uma dinamite.
2. Nós podemos fazer a diferença.
3. Nós podemos evangelizar nossa comunidade.
4. Nós podemos impactar o mundo.

B. Sigamos o plano de Deus para a igreja para aperfeiçoar e multiplicar.

A CHAMADA DE UM HOMEM DE DEUS

I Sam.16:1-13

I. Introdução

A. A tarefa importante de chamar um pastor.

1. Vocação, não contratação.
2. É importante descobrir a vontade de Deus.

B. Uma comparação: Samuel vai escolher um rei.

1. Foi-lhe dito para ungir um dos filhos de Jessé.
2. Não significa convidar um rei para uma igreja.

II. Corpo do Sermão

A. O Senhor vê a personalidade real de um homem (v. 6-7).

1. O primogênito de Jessé parece ser esse homem.
   a. Alto e elegante; parece perfeito.
   b. A Samuel recordava Saul, a quem admirava.
2. Ciladas referentes ao primeiro homem.
   a. Poderia ser omitido por ser o primeiro.
   b. Poderia ser chamado por medo de outro não ser achado.
3. Somente Deus conhece o homem de sua escolha.
   a. Você somente ouve seus melhores sermões.
   b. Você somente vê sua melhor parte.
   c. Você é limitado; Deus é ilimitado.
4. Algumas coisas para lembrar:
   a. Escolha um coração de pastor, ao invés de aparência física.
   b. Escolha poder na oração, ao invés de relações públicas.
   c. Escolha uma vida devocional forte, ao invés de graus educacionais.
   d. Escolha amor pelas pessoas, ao invés de eloquência no falar.
   e. Escolha interesse pelas almas, ao invés de habilidades administrativas.

B. O Senhor vê o potencial real em um homem (v. 7-11).

1. O Senhor recusa todos os filhos de Jessé que estão presentes.
2. Que frustrante para Samuel!

3. Nunca chame um homem porque você está cansado de procurar.
4. Há outro?
    a. Apenas um, que está apascentando ovelhas.
    b. Uma qualificação boa para pastoreio.
5. O mais jovem (Davi) é trazido a Samuel.
    a. Sem muita experiência.
    b. Sem referências impressionantes.
6. Nunca recuse um homem por causa da sua idade.
7. Davi não tinha um grande passado, mas um grande futuro.
    a. Um homem com o cântico de Deus em seu coração.
    b. Um homem de oração e louvor.
    c. Um homem que ama a Palavra de Deus.
    d. Um homem com discernimentos proféticos.

C. O Senhor dá paz referente ao homem certo (v. 12-13).

1. "Levanta-te e unge-o".
2. O Senhor mostrará ao seu povo em oração o que fazer.
3. Buscando a vontade do Senhor pela oração e persistência.
4. O convite a um pastor deveria mover a igreja ao avivamento.

III. Conclusão

A. Uma igreja deveria abrir com oração seu caminho para conhecer a vontade de Deus.

B. Aproxime-se de Deus e Ele conduzirá ao pastor.

C. Comece orando.

A AÇÃO DE GRAÇAS SUPERFICIAL

Ação de graças *Lucas 18:9-14*

I. Introdução

A. Quão apropriado é ter um Dia Nacional de Ação de Graças!

1. "Bom é render graças ao Senhor" (Salmo 92:1).
2. "Ação de graças tem grandes poderes terapêuticos" (A. W. Tozer).
3. Vamos agradecer nosso caminho para a saúde espiritual.

B. Para muitos, porém, esta semana de ação de graças será superficial.

1. Para alguns, um tempo de louvor, para outros um pretexto.
2. Para alguns, um tempo espiritual, para outros um tempo superficial.

C. O fariseu e sua ação de graças superficial.

II. Corpo do Sermão

A. O fariseu estava inconsciente de sua maior necessidade (v. 11-12).

1. "Graças te dou que não sou como os demais homens".
2. Começou com ação de graças, mas de espécie errada.
3. "Esse homem não estava agradecendo a Deus por aquilo que a graça fez por ele; ele estava agradecendo a Deus pelo que a si mesmo fez; e essa é uma atitude errada" (H. A. Ironside).
4. "Essa foi uma verdadeira oração sem oração. Ele recitou uma prece, mas nada orou" (D.L. Moody).
5. Focalizou sobre esforços humanos: o que faz e o que não faz.
6. Ele precisava salvação pessoal pela fé em Cristo.
   a. Algo que não poderia obter por boas obras.
   b. Receberia somente como presente (Ef. 2:8-9).

B. O fariseu estava indiferente para com o publicano (v. 11).

1. "Nem ainda como este publicano".
2. Essa indiferença encheu-o de orgulho, em vez de compaixão.

3. A genuína ação de graças produz um modo de vida grato.
    a. Grato pela salvação? Fale de Cristo aos outros.
    b. Grato pela provisão? Partilhe-a com outros.
    c. Grato por atos de bondades? Repasse-os.
    d. Grato pela comunhão cristã? Ofereça comunhão.
    e. Grato pelas orações? Ore pelos outros.
4. Esse foi o espírito da primeira Ação de Graças.
    a. Partilharam um com outro.
    b. Estavam realmente agradecidos.

C. O fariseu permaneceu inalterado quando retornou para casa (v. 14).

1. A ação de graças real transforma-nos.
2. Ele foi a um lugar bom: o templo.
3. Ele foi com um propósito bom: orar.
4. Mas voltou para casa o mesmo.
5. Milhões saem inalterados dos templos.
6. Não permita isso aconteça com você.

III. Conclusão

A outra pessoa nesta parábola: o publicano (v. 13-14).

1. Esse homem confrontou seus pecados e buscou perdão.
2. Nada superficial acerca da sua oração.
3. "Ó, Deus, sê propício a mim, o pecador.

B. O publicano voltou para casa um homem novo.

1. Ele voltou perdoado: "justificado"? (v. 14).
2. Agora ele podia ser verdadeiramente grato.
3. E quanto a você?

UM HOMEM AGRADECIDO

Ação de Graças *Luc. 17:11-19*

I. Introdução

A. Ação de graças na Bíblia.

1. Mencionada 140 vezes.
2. Ação de graças de Davi (salmo 103).
3. Ação de graças de Daniel (6:10).
4. Ação de graças de Paulo (I Tess. 5:18).

B. Lições da gratidão de um leproso.

1. Jesus encontra-se com dez leprosos
2. Um deles tornou-se logo um homem grato.

II. Corpo do Sermão

A. Os leprosos clamam a Jesus (v. 12-13).

1. Quando Jesus viu os leprosos:
   a. Ao entrar na aldeia.
   b. Eles permaneciam fora, como foi ordenado (Lev. 13:46).
2. A lepra simboliza o estado pecaminoso de todos.
3. "Jesus, Mestre, tem compaixão de nós".
   a. Nosso Senhor é rico em misericórdia.
   b. Suas misericórdias renovam-se a cada manhã (Lam. 3:22-23).
   c. Eles clamaram para a pessoa certa.
4. Esses leprosos tinham muitas coisas em comum conosco.
   a. Estavam todos afligidos com a mesma doença (Rom. 3:23).
   b. Eram todos homens mortais (Rom. 6:23).
   c. Sem Cristo, não tinham esperança (Ef. 2:11).

B. Os leprosos purificados por Jesus (v. 14).

1. O olhar de compaixão de Nosso Senhor: "Ele, logo que os viu".
2. Jesus respondeu ao clamor deles.
3. Por que "Ide, mostrai-vos aos sacerdotes"?
   a. Sua ordem exigiu fé.
   b. Os sacerdotes tinham autoridade para declará-los limpos.
   c. A obra de Cristo resiste ao minucioso exame humano.

4. Enquanto iam ficaram limpos.
    a. Seu primeiro passo de fé trouxe purificação.
    b. A fé em Cristo traz imediata purificação do pecado.
5. Você deseja dar esse passo?

C. O leproso agradecido (v. 15-16).

1. Assim que ficou curado voltou para Jesus.
    a. Glorificou a Deus em voz alta.
    b. Prostrou-se aos pés de Jesus.
    c. Agradecia-lhe.
2. Porque o leproso dava graças:
    a. Estivera sem esperança, agora tinha esperança.
    b. Estivera fora de casa, agora podia voltar para casa.
    c. Fôra rejeitado, agora seria recebido.
3. Devemos ser gratos como esse leproso purificado.

D. Os leprosos imprudentes (v. 17-18).

1. Nove leprosos curados seguiram seu caminho.
2. As palavras tristes de Jesus: "Onde estão os nove?"
3. Como logo esquecemos a bondade de Deus!

III. Conclusão

A. Jesus elogia um homem grato (v. 19).

B. Somos gratos ou imprudentes?

C. Nosso gracioso Senhor merece gratidão e louvor.

DEZEMBRO

MARAVILHOSO

Série sobre o nascimento de Cristo *Isaías 9:6*

I. Introdução

A. Isaías preocupando-se com Jesus:

1. Anunciou o nascimento de Jesus.
2. Escreveu acerca da vida de Jesus.
3. Descreveu a morte de Jesus.
4. Profetizou o reino vindouro de Jesus.

B. A Revelação de Isaías dos muitos nomes de Nosso Senhor:

1. Maravilhoso, Conselheiro, o Deus Poderoso, o Pai Eterno, o Príncipe da Paz.
2. Começando uma série de sermões sobre esses nomes.

C. Seu nome será chamado Maravilhoso.

II. Corpo de Sermão

A. Jesus foi Maravilhoso em seu nascimento (7:14).

1. "Uma virgem conceberá".
   a. A profecia de Isaías do nascimento milagroso.
   b. A mensagem de Gabriel a Maria (Luc. 1:26-38).
   c. A confusão de Maria, e a resposta confiante de Gabriel.
2. O nascimento virginal foi um milagre.
3. Outros milagres no seu nascimento:
   a. As aparições angelicais (a Maria, a José, aos pastores).
   b. O censo que os levou a Belém (Miq. 5:2).
   c. A chegada dos homens sábios (Mat. 2).
4. Não tente explicar os milagres do Natal.

B. Jesus foi Maravilhoso em sua vida (Is. 32:2).

1. O bebê maravilhoso na manjedoura foi um milagre.
   a. Mas Jesus não está mais na manjedoura.
   b. O nascimento foi apenas uma parte do grande plano de Deus.
2. Não adoramos mais um bebê na manjedoura.

3. Adoramos o Salvador imaculado que vem ao encontro das pessoas nas crises:
    a. Ele é um abrigo contra o vento.
    b. Ele é um refúgio contra a tempestade.
    c. Ele é como ribeiros de água em lugar seco.
    d. Ele é como a sombra de uma grande rocha no deserto.
    Ele virá ao teu encontro na crise e te livrará.

C. Jesus foi Maravilhoso na sua morte (Is. 53).

1. Todos morrem por causa do pecado (Hebr. 9:27).
2. Jesus não tinha pecado, mas morreu pelos pecadores (v. 4-5).
    a. Ele morreu levando nossas dores.
    b. Ele morreu como nosso substituto.
3. Todos os nossos pecados foram colocados sobre Ele (v. 6).

D. Jesus será Maravilhoso no seu Reino vindouro (Is. 35).

1. Aquele que morreu e ressurgiu, voltará.
2. Quando Ele virá para reinar, a promessa a Maria será cumprida.
    a. Ele reinará eternamente.
    b. Do seu reino não haverá fim.

III. Conclusão

A. É Jesus Maravilhoso para você?

B. Confie nele, e você também o achará Maravilhoso.

CONSELHEIRO

Série sobre o nascimento de Cristo *Isaías 9:6*

Introdução

A. O anúncio antecipado de Isaías sobre o nascimento de Jesus.

1. Mais anúncios de nascimento após o nascimento de Jesus.
2. Isaías profetizou o seu, séculos antes.

B. Por que tantos nomes nesse anúncio?

1. Foram necessários muitos nomes para descrever esse nascimento maravilhoso.
2. São nomes que revelam a personalidade de Nosso Senhor.

C. Seu nome será chamado Conselheiro.

II. Corpo do Sermão

A. Como Conselheiro Ele se tornou disponível.

1. O nome "Conselheiro" expressa a sua sabedoria.
2. Quando a sabedoria é inútil.
   a. Quando não está disponível.
   b. Quando não é aplicável à vida.
3. Jesus tornou-se disponível (Filip. 2:5-7).
   a. Ele veio para a manjedoura (Luc. 2:1-7).
   b. Seu nascimento foi anunciado a pastores (Luc. 2:8-14).
   c. Homens sábios vieram adorá-lo (Mat. 2:1-11).
4. Jesus sempre esteve disponível durante seu ministério.
   a. Disponível a crianças e adultos.
   b. Disponível a ricos e pobres.
   c. Disponível a pecadores como você e eu.

B. Como Conselheiro Ele veio com respostas.

1. Respostas para os doutores no templo (Luc. 2:41-52).
2. Respostas para Nicodemos, um líder dos judeus (João 3).
3. Respostas para seus críticos (João 2:18-22).
4. Respostas acerca da eternidade:
   a. A promessa do céu (João 14:1-6).
   b. O perigo do inferno (Luc. 16:19-31).

C. Como Conselheiro Ele veio com a certeza para pecadores desesperados.

1. Ele trouxe uma mensagem de amor.
   a. Amor para uma mulher junto a um poço (João 4).
   b. Amor para o desonesto Zaqueu (Luc. 19:1-10).
   c. Amor para com o ladrão morrendo em uma cruz (Luc. 23:39-43).
2. Jesus trouxe esperança para os que não tinham esperança.
3. Nenhum problema é demasiado difícil para Ele resolver.
   a. Ele ainda está ao alcance para aqueles que estão sem esperança.
   b. Ele oferece esperança a você e a mim.

III. Conclusão

A. Celebramos mais do que um milagre de nascimento.

1. Esse Salvador de nascimento virginal tem as respostas que precisamos hoje.
2. Respostas que são relevantes a cada necessidade a cada época.

B. Traze teus fardos e problemas a Ele.

C. O conselho sábio dele te orientará através deles todos.

DEUS PODEROSO

Série sobre o nascimento de Cristo — *Isaías 9:6*

I. Introdução

A. Isaías preparando-nos para o Natal.

1. Sua profecia do nascimento virginal (7:14).
2. Sua revelação dos muitos nomes de Cristo (9:6).

B. Um menino nascido; um Filho dado.

1. Uma criança que iria governar nalgum dia.
2. Compare a palavra de Gabriel a Maria (Luc. 1:30-33).

C. Porque esse Filho vindouro seria chamado Deus Poderoso.

II. Corpo do Sermão

A. João Batista preparará o caminho para Deus Poderoso (Is. 40:3-5).

1. O outro nascimento milagroso.
   a. Zacarias ministrando no templo (Luc. 1:5-10).
   b. Zacarias e Isabel não tinham filhos (1:7).
   c. Um anjo anuncia o nascimento próximo de João (1:13).
2. Ele tinha sido profetizado por Isaías (40:3-5).
3. João Batista preparará o caminho do Senhor.
   a. E aquele que virá (=Jesus) exaltará os humildes.
   b. Abaterá os orgulhosos.
   c. Corrigirá os errados.
   d. Tornará mansos os irados.
4. Somente o Deus Poderoso pode operar tais milagres nas pessoas.
5. O Deus Poderoso opera em cada um de nós através do evangelho.

B. O Deus Poderoso trará luz para os que estão em trevas (Luc. 1:76-79).

1. Jesus é chamado a "Aurora": a alvorada (v. 78).
2. João será um profeta do Altíssimo.
   a. O Altíssimo iluminaria aqueles nas trevas.
   b. Ele iluminaria aqueles às portas da morte.
   c. Guiaria em paz os aflitos.

3. As soluções humanas para problemas são falhas.
4. Precisamos da sabedoria do Deus Poderoso.

C. Os pastores foram e encontraram o Deus Poderoso (Luc. 2:10-12).

1. O primeiro anúncio foi a homens comuns.
2. Um Salvador: Cristo, o Senhor.
    a. "Um Salvador!" Que boas novas para os pecadores!
    b. Esse Salvador é Cristo, o Senhor.
3. Os pastores foram e encontraram o Senhor como orientados.
4. Você o encontrou para ser seu Poderoso Deus?

III. Conclusão

A. Vá com todos teus pecados àquele que é Poderoso para salvar.

B. Vá com todos teus problemas àquele que é Poderoso para resolver.

C. O Deus Poderoso espera tua chamada; confie nele completamente.

O PAI ETERNO

Série sobre o nascimento de Cristo — *Isaías 9:6*

I. Introdução

A. Celebrando o Natal no V.T.

1. Isaías viu-o por antecipação.
2. Do nascimento virginal ao reino vindouro.

B. As dimensões da deidade.

1. Os nomes de Nosso Senhor descrevem seu caráter.
2. Maravilhoso, Conselheiro, Deus Poderoso.
3. Mais do que um nascimento: a Encarnação.

C. Em que implica Jesus ser o Pai Eterno?

II. Corpo do Sermão

A. A eternidade adentrou o tempo.

1. Porque Jesus teve de nascer em Belém:
   a. Exigência da profecia de Miq. 5:2.
   b. O Eterno deveria adentrar o tempo ali.
2. Porque Belém foi escolhida:
   a. Primeira menção: local da morte de Raquel (Gen. 35:15-20).
      (1) Um lugar de dores.
      (2) Jesus será um Homem de Dores (Is. 53:3).
   b. O lugar do nascimento e unção de Davi (I Sam. 16).
   c. *Belém-Efrata* significa "casa de pão".
      (1) Jesus é o pão da vida (João 6:35)
      (2) Ele satisfaz almas famintas.
3. O futuro e o passado do Salvador.
   a. "Aquele que há de reinar em Israel" (Mq. 5:2).
   b. "Desde os tempos antigos, desde os dias da eternidade" (Mq. 5:2)

B. O Eterno submeteu-se ao tempo.

1. Os milagres da Encarnação (Filip. 2:5-7).
   a. A posição pré-encarnada de Nosso Senhor (v. 6).
   b. Tornou-se sem-fama (v. 7).
   c. Assumiu a forma de servo (v. 7).

d. Tornou-se semelhante aos homens (v. 7).
e. Humilhou-se e morreu na cruz por nós (v. 8).
2. Por tudo isso, Ele tornou-se sujeito ao tempo:
a. Nasceu em um tempo específico (Luc. 2:1-7).
b. Ele experimentou crescimento inteiramente dentro do tempo (Luc. 2:52).
c. No seu nascimento e morte Ele estava no tempo (Gal. 4:4-6).
3. Agora Ele está vivo para todo o sempre (Hebr. 7:25; Apoc. 1:8).

C. Aos sujeitos ao tempo, é oferecida vida eterna.
1. Estamos sujeitos ao tempo.
a. Desde o nascimento, começamos a ficar idosos.
b. O tempo dobra os sinos sobre todos nós.
c. Deixamos a vida do mesmo modo como viemos.
2. Pela fé em Cristo, recebemos vida eterna (João 3:16).

III. Conclusão

A. O que você fará com o presente de Deus da vida eterna?
B. Receba-o pela fé, enquanto você tem tempo.

O PRÍNCIPE DA PAZ

Série sobre o nascimento de Cristo *Isaías 9:6*

I. Introdução

A. Um príncipe nasceu em Belém.

1. O "Príncipe da vida" (At. 3:15).
2. O "Príncipe dos reis da Terra" (Apoc. 1:5).
3. O "Príncipe da Paz" (Is. 9:6).

B. Três dimensões da paz:

1. Paz com Deus.
2. A paz de Deus.
3. Paz na terra.

II. Corpo do Sermão

A. Paz com Deus (Rom. 5:1).

1. Milhões têm procurado a paz com Deus.
   a. Através de rituais religiosos.
   b. Através de boas obras.
   c. Através de ofertas em dinheiro ou haveres.
2. O grande abismo entre os pecadores e nosso Deus santo.
3. O abismo transposto pela cruz.
   a. Cristo pagou o débito do pecado (Is. 53:5-6).
   b. Ele quebrou todas as barreiras (Ef. 2:12-18).
   c. Ele fez a paz através do seu sangue (Col. 1:20).
4. Temos paz com Deus pela fé em Jesus (Rom. 5:1).

B. A paz de Deus (Filip. 4:5-8).

1. A paz com Deus é posicional e imutável.
2. A paz de Deus é dependente do nosso relacionamento com Ele.
3. Muitos têm paz com Deus, mas precisam da paz de Deus.
4. O caminho para a paz:
   a. Não ser ansioso por nada (v. 6).
   b. Considerar tudo em oração (v. 6).
   c. Agradecer continuamente (v. 6).
   d. Manter a mente repleta de louvor a Deus (v. 8).
5. O resultado: paz que ultrapassa o entendimento.

C. Paz na Terra (Is. 2:4).

1. "Paz na Terra entre os homens de boa vontade" (Luc. 2:14).
2. Essa paz aguarda o reino.
    a. Não haverá mais guerra (Is. 2:4).
    b. Haverá paz mesmo entre os animais (Is. 11:6-8).
    c. Haverá paz em lugar de violência (Is. 11:9-10).
    d. Paz nos elementos da natureza (Is. 35:1-2,7).
3. As promessas de Gabriel a Maria serão cumpridas (Luc. 1:30-33).
4. O melhor ainda está por vir.

III. Conclusão

A. Você anela pela paz?

B. Cristo trará paz para teu coração aflito.

C. Nalgum dia Ele trará paz a este mundo atribulado.

OS MILAGRES DE NATAL

Série sobre o nascimento de Cristo *Luc. 2:1-14*

I. Introdução

A. O Natal é um tempo de milagres:

1. O milagre do nascimento de Jesus.
2. O milagre da música harmoniosa.
3. O milagre de dar e receber presentes.
4. O milagre das crianças com rostos felizes.

B. Alguns perderam o milagre.

1. Isso aconteceu com você?
2. A correria desse tempo retirou de você o milagre?
3. "Nunca perdi completamente o milagre do Natal" (Gypsy Smith).

C. O milagre das personagens do Natal.

II. Corpo do Sermão

A. O milagre dos anjos enlevarem os pastores à glória (v. 14).

1. Os anjos desempenharam funções importantes no nascimento de Jesus.
   a. A aparição a Zacarias (Luc. 1:5-20).
   b. A aparição de Gabriel a Maria (Luc. 1:26-38).
   c. A aparição a José (Mat. 1:18-25).
   d. O anúncio aos pastores (2:8-14).
2. Uma multidão de anjos deu glória a Deus.
   a. "Glória a Deus" não era um novo cântico para os anjos.
   b. Mas "nas alturas" foi uma linha adicionada.
3. Mais elevado do que a glória de Deus não podia ser.
   a. O evangelho declara a glória do Deus Altíssimo.
   b. Quando uma alma é salva, os anjos dão glória novamente (Luc. 15:10).

B. O milagre de os pastores estarem motivados a ir até Belém (v. 15,20).

1. As boas novas dadas a esses homens humildes (v. 8-12).
2. Imagine-se ser um deles:

a. Você acabou de passar um dia no trabalho rotineiro.
b. As ovelhas são acomodadas para a noite.
c. Você senta-se e conversa sobre coisas comuns.
d. Repentinamente acontecem coisas incomuns.
3. Um anjo aparece; Deus prende a atenção deles.
4. A mensagem maravilhosa: Cristo nasceu.
a. A resposta: "Vamos agora" (v. 15).
b. Após encontrarem Jesus, foram contar a outros.
Eles participaram desse milagre.

C. O milagre dos homens sábios motivados para ofertar (Mat. 2:11).

1. As personagens mais misteriosas do Natal.
a. Não temos certeza de onde exatamente vieram.
b. Não temos certeza de quantos eram
c. Não temos certeza exatamente quando chegaram.
2. Temos certeza de que deram dádivas a Jesus.
a. Isso aconteceu quando deixaram seus lares
b. Eles ofertaram seus tesouros
3. "A oferta não é medida pelo que você dá, mas pelo que você legou": (George Muller)

III. Conclusão

A. O que o milagre do Natal de Cristo motivou você a fazer?
B. Peça a Deus para restaurar o milagre.
C. Prossiga na motivação dada por Ele.

SIMEÃO E SEU SEGREDO

Série sobre o nascimento de Jesus *Lucas 2:21-35*

I. Introdução

A. Revendo o dia de Natal

1. Tua família esteve reunida?
2. Foi Jesus o centro da tua celebração?

B. O que vem depois do Natal?

1. Você ainda está emocionado com Jesus?
2. Está mais dedicado a Ele?

C. Encontro com Simeão após o nascimento na manjedoura

1. A apresentação de Jesus no templo
2. A circuncisão e a confirmação do nome de Jesus.
3. O encontro com Simeão (v. 25).

II. Corpo do Sermão

A. Um retrato de Simeão (v. 25-27).

1. O que sabemos a respeito dele:
   a. Morava em Jerusalém.
   b. Era um homem justo.
   c. Era piedoso (devoto fervoroso, sincero).
2. Outros que foram chamados piedosos:
   a. Os judeus reunidos para a festa de Pentecostes (At. 2:5).
   b. Os homens que sepultaram Estevão (8:2).
   c. Cornélio (10:2).
   d. Ananias, quem orou por Paulo (22:12).
3. Sabemos que Simeão aguardava a chegada do Salvador.
4. Sabemos que ele era dirigido pelo Espírito Santo.
   a. Um homem em quem Deus podia confiar seus segredos.
   b. Ele sabia que viveria até Jesus nascer (v. 26).

B. A oração de Simeão (v. 28-32).

1. Ele segurou Jesus em seus braços.
2. Nalgum dia Jesus há de nos segurar em seus braços.
3. Sua oração inclui satisfação (v. 29).
4. Sua oração inclui salvação (v. 30).

5. Sua oração inclui a soberania de Deus (v. 31).
6. Sua oração inclui ambos: judeus e não judeus (v. 32).

C. A profecia de Simeão (v. 34-35).

1. A queda e levantamento de muitos em Israel.
   a. Jesus, um obstáculo para muitos.
   b. Mas muitos dos que tropeçaram, mais tarde levantaram-se para crer nele.
2. Um sinal de contradição:
   a. Como isso foi cumprido em sua vida.
   b. Como isso foi cumprido em seu julgamento e crucificação.
   c. Como isso é verdadeiro entre muitos, hoje.
3. Uma espada transpassará também sua própria alma.
   a. Maria e outros junto da cruz.
   b. Os pensamentos de muitos revelados junto da cruz.

III. Conclusão

A. Você está vivendo intimamente com Jesus a ponto de conhecer seus segredos?

B. Você está consciente do plano dele para esta época?

C. Você está consciente do plano dele para tua vida?

SENDO RICO FEZ-SE POBRE

Série sobre o nascimento de Cristo *II Cor.8:9*

I. Introdução

A. Colaboradores para o relato do Natal no N.T.

1. Mateus descreveu Cristo, o Rei (a linhagem real).
2. Lucas descreveu Cristo, o Filho do Homem (nascido em uma manjedoura).
3. João descreveu a divindade de Cristo (o Verbo se fez carne).
4. Paulo resumiu o Natal a uma rica revelação.

B. O preço do Natal.

1. Nosso Salvador rico tornou-se pobre.
2. Ele fez isso para tornar-nos ricos.

II. Corpo do Sermão

A. Do que Jesus abriu mão quando tornou-se pobre.

1. "Que sendo rico... fez-se pobre".
2. Ele abriu mão de seu lugar no céu.
   a. Um lugar de ambiente perfeito; de cidadãos perfeitos.
   b. Um lugar de louvor contínuo; de paz perpétua.
   c. Alguns não deixariam nem sua cama confortável para adorá-lo.
3. Ele abriu mão de sua posição no céu (Filip. 2:5-7).
   a. Ele deixou o culto de anjos.
   b. Ele veio para a rejeição de uma hospedaria (Luc. 2:7).
   c. Alguns estão tão ocupados com posição que não o adoram.

B. Porque o Salvador tornou-se pobre.

1. "Por amor de vós".
2. Não é de se admirar que os pastores devessem ser notificados logo.
3. Não é de se admirar que os sábios devessem ser guiados pela estrela.
4. Tudo na humilhação de Cristo é por nossa causa.
   a. Ele deixou o céu para podermos ir ao céu.
   b. Ele foi rejeitado para nunca sermos rejeitados.

c. Ele nasceu em um estábulo para que pudéssemos nascer do Espírito Santo.
d. Ele tornou-se um servo afim de nos tornarmos santos.
e. Ele morreu para termos vida eterna.

C. O que o Salvador deu aos pecadores pobres para torná-los ricos.

1. "Para que... fosseis enriquecidos".
2. Grandes presentes de Jesus para tornar-nos ricos:
    a. O presente da salvação (Ef. 2:8-9).
    b. O presente da vida eterna (Rom. 6:23).
    c. O presente do Espírito Santo (Rom. 5:5).
    d. O presente da justiça (Rom. 5:17-18).
    e. O presente da paz (João 14:27).
    f. O presente da vitória sobre a morte (I Cor 15:54-57).

III. Conclusão

A. Venha a Cristo como um pecador pobre.
B. Receba de sua mão esses presentes ricos.
C. Por que demorar quando riquezas eternas podem ser tuas?

QUINTOS-DOMINGOS

TRANSTORNANDO O MUNDO.

Atos 17:6

I. Introdução

A. Nosso débito à igreja primitiva.

1. Os cristãos evangelizaram o mundo deles.
2. Eles levaram a sério a Grande Comissão (Mat. 28:18-20).
3. Pelo fato de terem sido fiéis temos a mensagem hoje.

B. O desafio deles e nosso.

1. Os cristãos eram e são uma minoria comparados à população mundial.
2. Os cristãos estavam e estão comissionados para alcançar o mundo.
3. Pessoas nascendo mais rapidamente do que nascendo de novo.

C. O que tinham aqueles cristãos primitivos de que hoje precisamos?

II. Corpo do Sermão

A. Eles estavam incendiados para Cristo (At. 2:3).

1. "Umas línguas como que de fogo".
   a. Evidência do Espírito Santo operando através deles.
   b. O resultado: almas salvas; igrejas plantadas.
2. O mundo precisa ver a igreja pegando fogo.
   a. Não é suficiente ser tradicional; deve ser fervoroso.
   b. Não é suficiente ter sã doutrina; pois pode ser que seja também um crente dorminhoco.
   c. Não é suficiente estar pregando; deve também estar suplicando.
   d. Não é suficiente crer na Bíblia; precisa ter ardor espiritual.
3. "Tem tanto medo de fogo estranho, que não acende absolutamente nenhum" (David Dawson).

B. Eles encontraram verdadeira comunhão em Cristo (At. 2:41-46).

1. "...na comunhão, no partir do pão e nas orações".
2. Antes separados, agora unidos pelo amor.

3.A base da comunhão deles: a doutrina dos apóstolos.
a. Fundamentaram sua doutrina na verdade.
b. Celebravam o evangelho no viver diário.
4. Temos nós essa espécie de comunhão?
5. Que vamos fazer para praticá-la?

C. Eles viviam submissos a Cristo completamente (At. 4:18-20).
1. "Não podemos deixar de falar".
2. Eles depositaram tudo no altar.
a. Para alguns isso significou perda financeira.
b. Para alguns isso significou cadeia.
c. Para outros isso significou martírio.
d. Não é para admirar do porque eram eficientes.
3. Há cristãos demais tentando salvar suas vidas.
a. Como resultado eles as perdem (Mat. 16:25).
b. Perdem também seu fervor por Cristo.

III. Conclusão

A. Precisamos de um avivamento genuíno.

B. O exemplo dos crentes do N. T. podem produzi-lo:
1. Desejamos aquele fogo e comunhão?
2. Queremos fazer o tipo de submissão deles?

TRIUNFANTE NA TRIBULAÇÃO

Salmo 3

I. Introdução

A. O contexto deste Salmo.

1. A revolta de Absalão contra Davi.
2. O que poderia ser mais difícil de suportar?

B. Um Salmo que nos remete aos períodos de tribulações.

1. Muitos experimentam problemas na família.
2. Fofoca e crítica são fontes comuns de aflições.
3. Às vezes os amigos voltam-se contra nós.

II. Corpo do Sermão

A. O Senhor é nosso escudo (v. 3).

1. As flechas e lanças no tempo de Davi.
2. Os dardos inflamados de Satanás que devemos resistir (Ef. 6:16).
3. O povo de Deus tem sido sempre alvo de inimigos.
4. Mas Deus é nosso escudo.
   a. O escudo de Abraão (Gen. 15:1).
   b. O escudo de Davi (Salmo 3:3; 33:20; 84:11).
5. O escudo protege durante a batalha.

B. O Senhor é nosso sustentador (v. 4-5).

1. Davi clama ao Senhor por socorro.
2. Os muitos convites de Nosso Senhor para orar:
   a. "Clama a mim" (Jer. 33:3).
   b. "Pedi e dar-se-vos-á" (Mat. 7:7).
   c. "Crede que o recebereis" (Mc. 11:24).
   d. "Pedi o que quiserdes" (João 15:7).
3. Davi tinha tal paz que podia dormir (v. 5).
   a. Ele dormia em paz e acordava animado.
   b. O Senhor sustentava-o no perigo.

C. O Senhor é nossa força (v. 6).

1. "Não terei medo".
   a. Considere as circunstâncias.
   b. As forças contra ele.

2. Um mais Deus é maioria.
3. À medida que a fé aumenta, o medo diminui.
4. O perfeito amor lança fora o medo (I João 4:18).

D. O Senhor é nossa fonte de vitória (v. 7-8).

1. Davi vê seus inimigos vencidos pelo poder de Deus.
2. A salvação é do Senhor.
    a. Nossa salvação também é do Senhor.
    b. Salvação dos nossos pecados pelo sangue de Cristo (Rom. 5:6-9).
    c. A vitória durante os ataques de Satanás (Ef. 6:10-18).
3. Há realmente vitória em Jesus (I Cor. 15:57-58).

III. Conclusão

A. Podemos descansar em Jesus, mesmo em tempos atribulados.

B. O Senhor é nosso escudo, sustentador, força, salvação.

LAÇOS DA FAMÍLIA DE DEUS

Hebr. 10:22-25

I. Introdução

A. Um dos mais encorajadores textos na Bíblia.

B. Um texto precedido de notícias grandes:

1. O perdão está disponível (v. 17).
2. O sangue de cristo é suficiente (v. 19).
3. Cristo é nosso grande sacerdote (v. 21).

C. Um texto para a família de Deus.

1. "Cheguemo-nos" refere-se à comunhão no corpo de Cristo.
2. Une a comunhão terrena à antecipatória celestial.

II. Corpo do Sermão

A. Somos atraídos juntos na mesma certeza (v. 22).

1. "Cheguemo-nos... em inteira certeza de fé".
2. Certeza: que palavra apropriada!
   a. Uma palavra que remove todas as dúvidas.
   b. Uma palavra que elimina a indecisão.
3. Nosso Senhor quer que tenhamos "certeza completa" (v. 22).
4. Um coração verdadeiro é enchido com certeza pela fé (v. 35-39).
5. O sangue de Cristo purifica a consciência do crente (9:14).

B. Somos mantidos juntos na mesma esperança (v. 23).

1. "Retenhamos inabalável a confissão da nossa esperança".
   a. Crendo as nossas convicções.
   b. Duvidando de nossas incertezas.
2. Aqui está a confiança inabalável.
   a. Baseada sobre a obra completa de Cristo (9:28).
   b. Fundamentada na sua ressurreição e seu retorno (9:28).
3. Os pecados são perdoados e o céu é certo.

C. Estamos operando juntos no mesmo amor (v. 24).

1. "Consideremo-nos uns aos outros".
2. Observe a sequência: fé, esperança, amor (I Cor. 13).

3. Amor é consideração pelos outros.
    a. O amor atencioso provoca mais amor.
    b. O amor atencioso produz boas obras.
    c. Como esse tipo de amor afeta qualquer congregação (At. 2:41-46).

D. Reunimo-nos juntos na mesma antecipação (v. 25).

1. "Não abandonando a nossa congregação..."
2. A importância dos crentes reunirem-se para o culto.
3. Precisamos uns dos outros.
    a. Congregamos para exortar (encorajar) um ao outro.
    b. Encontramos conforto no retorno de Nosso Senhor.
4. Alguns negligenciarão reunir-se à medida que o retorno de Cristo se aproxima.
    a. O retorno de Cristo deve fazer-nos ansiosos para congregar.
    b. Jesus pode voltar hoje.

III. Conclusão

A. O que podemos fazer para fortalecer a família de Deus?

B. A família relaciona-se melhor quando todos somos fiéis.

A IGREJA INVENCÍVEL

Apoc. 2:8-11

I. Introdução

A. Jesus escreve para uma igreja sofredora.

1. A segunda das sete cartas.
2. A mais curta das sete cartas.

B. Uma carta para sofredores de todos os tempos.

II. Corpo do Sermão

A. Uma igreja que foi triunfante, conquanto atribulada (v. 9).

1. "Conheço a tua....tribulação".
2. Jesus conhece tudo acerca das nossas tribulações.
3. Todos passamos por tribulações.
   a. A maioria passa por coisa s pelas quais pensavam nunca passariam.
   b. Muitos passam por experiências pelas quais pensavam que não conseguiriam passar.
4. A tribulação predita: "tereis tribulações" (João 16:33).
   a. Tribulação física (as perseguições primitivas).
   b. Tribulações emocionais (sofrimento e morte de queridos).
5. Jesus mesmo apresenta-se como aquele de quem precisavam na tribulação:
   a. O primeiro e o último: nosso futuro assegurado nele.
   b. Aquele que foi morto mas reviveu: crucificado e ressurreto.

B. Uma igreja que era rica, conquanto pobre (v. 9).

1. "Conheço... a tua pobreza".
2. Esse grupo era pobre como uma igreja.
   a. Sem grandes templos, carpetes de pelúcia, nem torres altas.
   b. Mas aos olhos de Deus eles eram ricos.
3. As pessoas eram pobres, como indivíduos.
   a. Tinham simplesmente o suficiente para sobreviver.
   b. Através da fé tinham riquezas eternas.
4. Considere nossas oportunidades para sermos ricos permanentes:
   a. Ricos em nossa posição em Cristo (II Cor. 8:9).

b. Ricos em obras para Cristo (I Tim. 6:18).
c. Ricos quando partilhando da rejeição a Cristo (Hebr. 11:26).
d. Ricos em fé (Tg. 2:5).

C. Uma igreja que era fiel, mesmo sofrendo (v. 10).

1. "Não temas o que hás de padecer".
2. Todos os crentes sofrem de algum modo (II Tim. 3:12).
3. Considere o sofrimento da igreja primitiva.
   a. Todos os apóstolos ,exceto João, foram martirizados.
   b. Sofrimento intenso por muitos crentes.
      (1) Policarpo, queimado no fogo.
      (2) Inácio, jogado aos leões.
      (3) Alguns torturados até morrerem por cães.
      (4) Alguns foram crucificados, cobertos com cera ou queimados.
4. Sê fiel até à morte.
   a. Não até ser zombado.
   b. Não até estar cansado ou desencorajado.

III. Conclusão

A. Recompensas para os vencedores:

1. A coroa da vida.
2. Não sofrer o dano da segunda morte.

B. Servir a Cristo resulta em galardões verdadeiros.

GLÓRIA A DEUS

Salmo 19

I. Introdução

A. Um salmo de glória.

1. Começa com os céus glorificando a Deus.
2. Termina com um homem glorificando a Deus.

B. Um salmo de louvor.

1. O louvor da criação (v. 1).
2. O louvor da inspiração (v. 7-8).
3. O louvor de um coração consagrado (v. 14).

II. Corpo do Sermão

A. A glória da criação (v. 1-6).

1. Toda vez que olhamos para cima vemos a glória de Deus.
   a. Compare isso com o Salmo 8.
   b. Ambos salmos declaram a glória de Deus.
   c. Ambos os salmos lembram-nos nossa necessidade de Deus.
2. O erro do homem em adorar os céus.
   a. Erro desde os tempos antigos (Rom. 1:20-25).
   b. Erro no presente com pessoas que adoram os céus.
3. O dia e a noite também lembram-nos do Criador (v. 2-6).
4. O testemunho da criação deixa o mundo sem desculpas (Rom. 1:20).
5. O sol lembra-nos do Filho, do Noivo.

B. A glória da inspiração da Palavra de Deus (v. 7-11).

1. A perfeita lei de Deus faz-nos ver a necessidade de conversão.
2. O testemunho do Senhor traz sabedoria.
3. Os estatutos do Senhor alegram nossos corações.
4. Os mandamentos do Senhor iluminam nossos olhos
5. Eles representam a busca do homem pela sua origem nos céus:
   a. As lições da criação nunca contradizem a inspiração.
   b. As Escrituras já revelaram nossa origem.
   c. Nada será encontrado tentando provar que estão erradas.

C. A glória da consagração (v. 12-14).

1. A consideração da glória de Deus traz convicção de pecado.
2. Então sobrepomos o grande abismo entre Deus e o homem.
3. O desejo de transpor o abismo.
    a. Quem pode entender seus erros?
    b. Purifica-me das faltas secretas.
    c. Livra-me dos pecados de presunção: orgulho, rebelião.
4. A grande oração de consagração.
    a. O salmista quer agradar a Deus com suas palavras.
    b. Ele quer agradar a Deus também com seus pensamentos.
    c. É uma boa oração diária.
    d. É uma oração referente à redenção, a maior glória de Deus.

III. Conclusão

A. Aqui está uma glória triuna: criação, inspiração, consagração.

B. Os que são sábios vivem para a glória de Deus.

ESTE HOMEM RECEBE PECADORES

Lucas 15:1-2

I. Introdução

A. Observações surpreendentes dos inimigos de Cristo.

1. Algumas das declarações mais interessantes na Bíblia.
   a. "Ele salvou outros; a si mesmo não pode salvar (Mc. 15:31).
   b. "Depois de três dias, ressurgirei" (Mat. 27:63).
   c. "Este homem recebe pecadores".

B. A reação de Nosso Senhor às críticas de seus inimigos.

1. Jesus proferiu três parábolas acerca de alcançar pecadores.
2. Essas parábolas mostram sua compaixão pelo perdido.

C. Considere algumas razões para essa censura.

II. Corpo do Sermão

A. Cristo era realmente um homem.

1. "Este homem" (v. 2).
2. Deus tornou-se verdadeiramente homem para redimir o homem (Gal. 4:4-7).
3. O Salvador foi prometido primeiramente como um homem.
   a. A semente da mulher (Gen. 3:15).
   b. O nascimento virginal (Is. 7:14).
   c. Isaías e o homem prometido (9:6; 32:2).
4. Como um homem Ele se envolve em nosso sofrimento.
   a. Sua humilhação (Filip. 2:5-7).
   b. Sua tentação (Mat. 4; Luc. 4).
   c. Sua fadiga e sede (João 4:6-7).
   d. Sua dor (Is. 53:3).

B. Cristo foi diferente dos homens pecadores.

1. "Este homem...pecadores" (v. 2).
2. Ele foi diferente de várias maneiras:
   a. Em relação a Deus Pai.
   b. Em vencer toda tentação.
   c. Em sempre estar fazendo a vontade de seu Pai.
3. Ele foi santo; sem pecado (Hebr. 7:24-28).

C. Cristo estava sempre alcançando pecadores.

1. "Recebe pecadores e come com eles".
2. Ele veio buscar e salvar o que se havia perdido (19:10).
3. As parábolas que se seguem:
    a. A ovelha perdida.
    b. A moeda perdida.
    c. O filho perdido

III. Conclusão

A. Cristo ainda procura pecadores.

1. Ele ainda recebe-os (João 6:37).
2. Ele ainda come com eles? (Apoc. 3:20).

B. Você quer unir-se a Ele para alcançar pecadores cada dia?

GRANDE É TUA FIDELIDADE

Lam. 3:18-26

I. Introdução

A. Lamentações: Um livro de tribulações e lágrimas.

1. Podemos enfrentar isso muitas vezes na vida.
2. Neste mundo temos tribulações.

B. A fidelidade de Deus é demonstrada em tempos difíceis.

1. Deus foi fiel a Israel no cativeiro.
2. Ele foi fiel a Daniel dentro da cova dos leões.
3. Jeremias encontra esperança: Deus é fiel.

II. Corpo do Sermão

A. O Senhor é fiel em todas as circunstâncias (v. 18-21).

1. O lamento de Jeremias sobre a ruína de seu povo.
   a. O castigo de Deus sobre o povo.
   b. A queda, o cativeiro (cap. 1).
   c. Ninguém parece se importar (1:12).
2. Podemos partilhar das lágrimas de Jeremias.
   a. A condição moral de nossa terra.
   b. Crime, drogas, imoralidade crescente.
   c. A condição apática das nossas igrejas.
3. Mas há uma mensagem de triunfo neste livro de lágrimas.
4. Há um sopro de alegria nesse livro de desespero:
   a. Deus é fiel mesmo quando as coisas parecem sombrias.
   b. A fidelidade de Deus reaviva seu profeta choroso.

B .O Senhor é fiel em misericórdia e compaixão (v. 22-23).

1. Misericórdia: que palavra abençoada!
   a. Uma palavra que traz esperança ao povo atribulado.
   b. Uma palavra que traz luz aos que estão nas trevas.
2. Compaixão: uma palavra de conforto:
   a. A compaixão permite-me sentir como você se sente.
   b. Melhor ainda: Deus sente o que sentimos.
   c. Lembra-nos do bom samaritano.
   d. Lembra-nos de Jesus e as multidões em sofrimento.

3. Observe: "misericórdias" e "compaixões".
    a. As misericórdias e compaixões de Deus alcançam a você e a mim.
    b. Ele socorre-nos nos pecados e dores.
    c. A oração do publicano: "Deus, tem misericórdia de mim, pecador".

C. O Senhor é fiel a todos aqueles que colocam confiança nele (v. 24-26).

1. "Esperarei nele".
2. "Bom é o Senhor".
    a. Para os que esperam por Ele.
    b. Para a alma que o busca.
3. Podemos esperar em paz a salvação do Senhor.

III. Conclusão

A. Deus te socorrerá com misericórdia e compaixão, mesmo agora.

B. Busque-o; Espere por Ele.

C. Confie nele.

O AMOR DE DEUS E NOSSAS PERDAS

João 11:1-45

I. Introdução

A. Todos passamos por momentos de grandes perdas.

1. As perdas fazem parte da vida.
2. Nossas maiores perdas são dos nossos queridos.
3. Cada família atravessa o vale da sombra da morte.
4. "Está ordenado ao homem morrer uma vez" (Hebr. 9:27).

B. O amor de Deus alcança os corações feridos.

1. Seja qual for tua perda, Deus compreende.
2. Quando teu coração está ferido, Deus se importa.
3. A cruz prova seu amor.

C. Jesus e seu amor por uma família aflita.

II. Corpo do Sermão

A. O amor de Deus aproxima-o onde estamos (v. 1-32).

1. O ministério poderoso de Jesus além do Jordão (10:39-42).
2. O recado de que Lázaro está doente (11:1-3).
3. Jesus amava Marta, Maria e Lázaro (v. 5).
4. Seu amor motivou-o a ir onde eles estavam:
   a. Jesus deixou o céu para vir onde estamos.
   b. Ele suportou a cruz para vir ao nosso encontro.
   c. Ele oferece perdão, socorrendo-nos onde estamos.
5. Jesus socorreu Marta e Maria com uma mensagem de vida (v.23-32).
6. Sua mensagem a cada um de nós é de vida eterna.

B. O amor de Deus levou-o a adentrar nosso sofrimento (v. 33-38).

1. Entrou em uma casa em lágrimas.
2. Jesus estava sentindo a dor dessa família aflita.
   a. Ele comoveu-se em espírito (v. 33).
   b. Ele perturbou-se (v. 33).
   c. Ele chorou (v. 35).
   d. Jesus gemia (v. 36).
3. Os presentes estavam conscientes do deu amor (v. 36).

4. Que compaixão! Que amor!

C. O amor de Deus motivou Jesus para trazer-nos esperança(v .39-44).

1. Preparação para a ressurreição de Lázaro.
   a. Os discípulos terão participação.
   b. "Tirai a pedra" (v. 39).
2. O poder de Cristo sobre o túmulo.
   a. "Lázaro, vem para fora" (v. 43).
   b. Lázaro responde ao chamado do Senhor.
3. Os discípulos é que o desatariam.
4. Os crentes têm uma parte, retirando as mortalhas dos convertidos.
5. Seremos ressuscitados no retorno do Senhor (I Tess. 4:13-18).

III. Conclusão

A. Nosso Salvador amorável convida-nos a trazer-lhe nossos pecados e dores.

B. Responda ao convite do amor de Deus, e encontre nele vida nova.

ÍNDICE BÍBLICO